水下微弱目标
探测和信号处理技术

戴文舒 著

西北工业大学出版社

西 安

【内容简介】 水下目标辐射噪声经过水声信道的变换、衰减、滤波等作用，加之复杂的环境噪声、干扰和混响等影响，使得声呐接收的信号非常微弱、抗干扰能力差。本书介绍了阵列信号处理技术和水声环境特性在水下安静型隐蔽目标探测中的应用，力求将水声物理知识和工程技术应用有机结合。本书由6章组成，分别为绪论、线列阵目标检测基本理论、舰船辐射噪声功率谱特性、基于AR模型的时变水声信道统计分析、方位历程显示图后置处理以及基于声反射断层扫描成像的目标检测技术。

本书可以帮助对水声领域感兴趣的读者快速入门。

图书在版编目（CIP）数据

水下微弱目标探测和信号处理技术 / 戴文舒著. —西安：西北工业大学出版社，2024.5
ISBN 978-7-5612-9286-0

Ⅰ. ①水… Ⅱ. ①戴… Ⅲ. ①水下探测-目标探测 ②水下探测-信号处理　Ⅳ. ①U675.7

中国国家版本馆 CIP 数据核字（2024）第095256号

SHUIXIA WEIRUO MUBIAO TANCE HE XINHAO CHULI JISHU
水 下 微 弱 目 标 探 测 和 信 号 处 理 技 术
戴文舒　著

责任编辑：孙　倩		策划编辑：李　萌	
责任校对：高茸茸		装帧设计：董晓伟	

出版发行：西北工业大学出版社
通信地址：西安市友谊西路127号　　邮编：710072
电　　话：（029）88491757，88493844
网　　址：www.nwpup.com
印 刷 者：兴平市博闻印务有限公司
开　　本：787 mm×1 092 mm　　1/16
印　　张：9.25
字　　数：225千字
版　　次：2024年5月第1版　　2024年5月第1次印刷
书　　号：ISBN 978-7-5612-9286-0
定　　价：48.00元

如有印装问题请与出版社联系调换

前　言

本书所述的水下微弱目标信号一般指舰船、小型无人航行器、潜艇、鱼雷和水下炸弹等目标的辐射噪声，这些信号在信道传播过程中衰减畸变严重，加之其谱信息被列为机密，因此大大增加了其探测难度。众所周知，水雷、炸弹等沉底小目标具有尺度小、目标强度低、散射声场空间不均匀、水下环境目标多、易与自然目标混淆等特性。而当潜艇、舰船和鱼雷等目标的螺旋桨旋转时切割水体会产生线谱，这些线谱较连续谱有更高的谱级，并且在长距离传输过程中保持一定的稳定性，因此提取线谱这一途径被认为可以大大提高被动声呐对低频水下目标的探测能力。近年来，减振降噪措施在极大降低甚至消除离散线谱，特别是高频线谱方面取得了成功。这意味着老式舰艇辐射噪声中一些频率强度较高的线谱，对于现代舰艇来说，该频率附近的线谱强度可能被降低到宽带连续谱之下，甚至降低到无法检测的量级。因此传统的被动声呐常规检测算法所提供的阵增益有限，对干扰的抑制能力不强，需要接收端用更长的拖曳线列阵，在更低的频率上工作以取得足够的增益检测余留的、难以消除的谱线。

除了采用信号噪声特征检测技术、阵列信号处理和线合成孔径技术提高处理增益外，还可以采用声反射断层扫描目标检测技术，通过声呐相对目标360°方向扫描，从而接收更多的方位距离域反射投影数据，重建目标的空间分布函数，为我国目前开展的基于线性运动的水下小目标探测识别技术提供一种精度较高的新型作业方式。因此，水下微弱目标探测和信号处理技术高度契合当前国家海洋开发和海军发展战略需求，在海洋工程、水利工程、水下安防和水下作战中都有重要的理论创新和现实意义。

本书建立在笔者多年对水下微弱目标探测的科研基础上，主要涉及强干扰、低信噪比下阵列信号处理技术、波束形成理论及应用、最优化波束图设计、合成孔径声呐和水声环境物理场传播特性等内容。本书将理论、仿真和试验有机结合，有助于读者对相应问题的理解，引发读者深入思考。

全书由6章组成。第1章简要介绍水下微弱目标检测和信号处理技术的研究背景，利用目标辐射噪声中线谱特征来检测安静型目标，合成孔径声呐和声反射射断层扫描技术在探测水下弱小掩埋目标方面的意义和技术发展状况，以及后置处理结合水声环境特性可以进一步提高声呐检测性能。第2章介绍阵列信号处理中波束形成基本理论和最优化旁瓣控制在目标方位估计中的应用。第3章围绕目标辐射噪声特征，研究线谱检测和宽带检测的性能，在低信噪比、强干扰下对比分析几种分频带融合算法的性能和相应的试验数据处理结果。第4章和第5章阐述时变水声信道的统计分析方法，希望将对信道功率的预测应用到声呐方位历程显示波束输出预测中,以利于在后置处理中对二维背景的均衡处理,进一步提高弱目标检测性能。第6章对比分析掩埋目标高精度探测和成像时用到的各种合成孔径声呐信号处理算法,并初步探索其数字化实现,提出新的基于声反射断层扫描探测和成像的方案,完成方案的可行性论证,但对算法的信噪比条件、运动误差分析、探测的范围和精度等问题还在进一步探索中。同时,本书给出水下物理声场建模和仿真的工具方法介绍,以帮助非声学专业的读者快速入门。

本书可作为从事水声信号处理、水声工程专业研究的人员,相关专业教学人员及高年级本科生、研究生的参考用书。

在撰写本书的过程中,参考了很多老师、同窗的科研成果和优秀的论文、著作,很受启发,在此表示由衷的感谢。同时向我的家人、支持帮助过我的中国科学院声学研究所的导师、同窗、实验室老师,以及中北大学信息与通信工程学院的领导、老师、学生们道一声感谢。

本书的编写与出版得到了国家自然科学基金(项目编号:52275578)和山西省面上科学基金(项目编号:202203021211092,202103021230227)的资助,在此特表感谢。

由于水平有限,本书难免有不妥之处,在此欢迎广大读者批评指正。

著　者
2023 年 9 月

目 录

第 1 章 绪论 ·· 1
  1.1 引言 ··· 1
  1.2 基于目标辐射噪声特性的检测概况 ·· 2
  1.3 基于声反射断层扫描成像的目标检测 ·· 4
  1.4 声呐方位历程图显示后置处理 ·· 6
  参考文献 ·· 6

第 2 章 线列阵目标检测基本理论 ·· 10
  2.1 常见的波束形成原理 ··· 10
  2.2 旁瓣控制最优波束设计 ·· 11
  2.3 设计实例 ·· 13
  2.4 本章小结 ·· 18
  参考文献 ·· 18

第 3 章 舰船辐射噪声功率谱特性 ·· 20
  3.1 舰船辐射噪声数学建模 ·· 20
  3.2 宽带技术和窄带技术 ··· 24
  3.3 频率方差加权线谱检测算法及其改进算法 ··· 30
  3.4 Alfa-Beta 滤波修正的频率方差加权线谱检测器 ··································· 33
  3.5 线谱方位稳定性目标检测技术及其改进算法 ·· 40
  3.6 分频带空间谱和波束域的输出直流跳变与起伏比值融合检测方法 ············ 47
  3.7 基于分频带和方位区间统计融合算法 ·· 56
  3.8 本章小结 ·· 68
  参考文献 ·· 69

第 4 章 基于 AR 模型的时变水声信道统计分析 ················· 72

4.1 射线理论模型 ················· 72
4.2 水声信道的时变模型分析 ················· 77
4.3 信道功率增益的理论统计特性分析 ················· 80
4.4 时变水声信道仿真 ················· 81
4.5 本章小结 ················· 84
参考文献 ················· 85

第 5 章 方位历程显示图后置处理 ················· 87

5.1 背景均衡 ················· 87
5.2 背景均衡后置处理 ················· 87
5.3 二维背景均衡算法 ················· 89
5.4 波束域 Kalman 滤波和背景均衡联合处理 ················· 94
5.5 本章小结 ················· 99
参考文献 ················· 99

第 6 章 基于声反射断层扫描成像的目标检测技术 ················· 101

6.1 线合成孔径(SAS)目标分布函数重建原理 ················· 101
6.2 线合成孔径声呐的数据获取和信号处理 ················· 103
6.3 目标分布函数的数字化重建算法 ················· 106
6.4 线合成孔径(SAS)目标分布函数数字重建仿真 ················· 108
6.5 线合成孔径声呐成像规律小结 ················· 115
6.6 圆合成孔径(SAS)目标分布函数重建方法 ················· 116
6.7 声反射断层扫描成像的目标重建方法 ················· 128
6.8 本章小结 ················· 140
参考文献 ················· 140

第 1 章 绪 论

1.1 引 言

对水下运动的安静目标进行探测与定位的挑战主要来自两个方面：一是时变的水声传播环境，二是海面存在的舰船强背景干扰。而对尺度小、目标强度低、散射声场空间不均匀的水下沉底的小目标探测同样存在检测信噪比低、水下环境干扰多、易与自然目标混淆等问题。舰船、潜艇与鱼雷运动时所辐射的噪声是声呐要检测的信号，这三类目标都是良好的水下声源，其上有很多转动和往复运动的机械，机械产生的振动通过船体和海水，经过水下声信道的衰减、时空滤波作用，传到远处的水听器上形成信噪比很低的声波信号。为提高检测的信噪比和远距离探测的能力，通常采用被动的拖曳线列阵声呐[1-6]。而为提高水下掩埋小目标的探测能力和成像精度，通常采用主动声呐虚拟合成孔径来获得高的分辨率[7-8]。

利用目标辐射噪声的功率谱特性，可以将微弱的目标从噪声或强干扰背景中提取出来。文献[9]～文献[11]指出了舰艇辐射噪声的平均功率谱中既有连续宽带谱，又有离散频率的线谱。这两种成分产生的机理不同：螺旋桨噪声是由螺旋桨旋转产生空化造成的，反映在舰船噪声宽带连续谱的中高频段，其功率谱以 6 dB/倍频程斜率下降；而舰船宽带连续谱在低频段具有正斜率，因此必然存在一个连续谱的峰值，这个峰值位置的不同，是由各舰船不同的自身特点和工况造成的，可用于目标识别。除此之外，线谱检测和提取具有举足轻重的地位。首先，线谱特有的集中而稳定的能量可以提高检测性能，线谱主要是由舰艇、鱼雷等目标的机械部件的往复旋转运动、螺旋桨的周期性击水以及叶片共振产生的。因为产生线谱的声源的功率和惯性都相当大，工作条件也比较稳定，所以线谱有较高的强度和稳定度，利用窄带检测系统可显著提高被动声呐的作用距离。其次，线谱可用来估计目标的运动参数，例如，通过精确测定线谱的多普勒频移并实行跟踪，可以估计目标的运动参数。再次，线谱还是最重要的目标识别依据。谱特征直接与产生它们的现象有关，通过对谱进行细致的分析，可以得到声源的很多信息，对线谱进行高质量的谱估计，将为目标识别提供重要依据。对被动声呐而言，提高线谱的检测能力和提取质量，对于提高目标检测、跟踪和分类识别正确率都具有重要的意义，多年来强干扰下线谱检测和提取一直是国内外研究的重点。

对水下小目标的检测和安全距离内的高精度成像，同样一直是研究的热点[12-16]。采用孔径固定的侧扫声呐通过主动探测的方式存在方位向分辨率随探测距离变化的问题，与传统实孔径侧扫声呐相比,条带式合成孔径声呐的突出优点是方位向分辨率恒定,与目标距离和使用的声波频段无关。而聚焦式线合成孔径声呐(Synthetic Aperture Sonar,SAS)通过扫描波束以较条带式 SAS 更长的时间照射目标区域,从而获得更长的合成孔径长度,最终提高方位分辨率。但其合成孔径长度的增加受限于声呐载体与观测目标的观测角,在直线路径下,这种观测角的持续增加是困难的,而且在声呐远离目标的过程中,波束入射角不断增大,目标相干性大大减弱,单纯在直线方向上增加合成孔径长度,目标分辨率的提高效果下降。采用声反射断层扫描目标检测技术,通过声呐相对目标 360°方向扫描,从而接收更多的方位距离域反射投影数据,重建目标的空间分布函数,为我国目前开展的基于线性运动的水下小目标探测识别技术提供一种精度较高的新型作业方式。

总之,水下微弱目标检测和信号处理技术高度契合当前国家海洋开发和海军发展战略需求,在海洋工程、水利工程、水下安防和水下作战中都有重要的理论创新和现实意义。

1.2 基于目标辐射噪声特性的检测概况

传统被动声呐大多使用拖曳线列阵[17],通过波数形成算法对各阵元信号进行延时-求和(频域相位补偿-求和)来形成指向性,进而获得空间增益,通过基于时间轴的能量积累或频率域宽带能量积累来获得时间增益,进而提高从背景噪声中检测出目标信号的能力。拖曳线列阵声呐是拖曳在舰船尾部一定距离的水声探测系统,与传统舰壳声呐相比,具有以下诸多优势:声呐配置不受舰体布置条件限制,声呐孔径大,工作频率低,探测距离远;拖线阵远离工作母船,平台噪声干扰小,接收信号信噪比高;拖线阵阵列深度可调,更有利于对目标的探测;可填补壳体声呐盲区,与壳体声呐相配合实现全景探测;等等。近 35 年来,随着潜艇等水中目标隐身降噪技术的不断发展,潜艇辐射噪声大约每年下降 1 dB,而被动声呐的检测能力平均每年只提高了 0.75 dB,这使得被动声呐对潜艇的探测距离不断下降。据报道,1997 年服役的新的"海狼"级攻击型潜艇,噪声只有 90~100 dB,21 世纪美军主战潜艇"弗吉尼亚号"的噪声比"海浪"级又小很多[18]。我国被动拖曳线列阵声呐经过多年发展,其性能不断提高。但是,与国外先进声呐相比,我国现役被动声呐基阵孔径较小,工作频段普遍偏高,虽然低噪声或安静型潜艇的噪声具有较宽频带,但从平均意义来看,总声级非常低,且声呐性能受阵型畸变、海洋环境和强干扰影响严重,声呐接收端的宽带信噪比很小,从而使基于宽带能量积累的被动检测发生困难。目前,我国现役被动声呐对谱级为 105 dB@1 kHz 以下的低噪声潜艇的发现距离不足 5 km,基本不具备对安静型潜艇的探测能力。

针对传统被动声呐基于宽带能量积累的被动检测方法在信噪比低、干扰强的情况下发生困难的问题,近年来,中国科学院声学研究所等单位通过对水下目标甚低频段辐射噪声特性进行研究,指出往复运动的机械噪声、螺旋桨叶片共振线谱和叶片速率线谱、水动力引起的共振线谱主要集中在 1 kHz 以下的低频段。对低速舰船的线谱强度可高于附近连续谱 10~25 dB,其稳定度可达 10 min 以上。在此基础上,提出了"目标辐射噪声固有特征量"的概念[19],突破了传统的宽带能量检测,转而通过超精细频率分辨力的分频带窄带检测,来提取由目标螺旋桨旋转时切割水体产生的甚低频线谱。上述利用超精细窄带检测的方法提取

第1章 绪　论

目标辐射噪声固有特征量的被动检测机理,在国外还未见类似技术的公开报道。如果能在潜艇辐射噪声中寻求距离变化较小的"固有特征量-线谱成分",并设法提取这种特征量,就有可能在检测和识别中取得突破。

20世纪90年代吴国清详细分析了舰船噪声谱的构成,给出了线谱特征提取的理论模型[9],并分析了线谱的稳定性、唯一性[10],对研究如何选择线谱的分析参数,如频率分辨率和平均次数等标准和判定准则做出了探讨;李万春、刘铭克等对舰船水噪声线谱判定准则进行了研究;陶笃纯从物理机理方面说明了螺旋桨空化噪声的时变特性,指出连续谱主要由瞬态空泡的崩溃和反弹产生,而稳定气泡的受迫振动主要产生低频线谱,空化噪声线谱一般在数十赫兹以下的甚低频,出现在叶片频及其倍频处;朱锡清、吴武生等利用升力面理论和声学方法相结合的办法实现了线谱噪声数值预报[20-23]。

近几年来,对目标辐射噪声特征量的提取技术也在不断发展[24-26],在被动声呐中,线谱检测通常是根据周期图的谱值进行检测的,主要分为单个时刻的谱值实时检测法和利用多个时刻的数据推迟决策法两类[27]。单个时刻的谱值实时检测法是直接将某个方向上接收的信号滤波、解析变换后计算周期图,然后把输出同设定门限进行比较,判断是否存在窄带信号[28]。但随着信噪比的降低,容易把随机起伏的噪声误判为信号。为了降低虚警概率,有两种措施。一是增加积分时间。但对于非平稳信号,在积分时间内信号已不能满足信号平稳的假设,如果积分时间内线谱发生漂移,采用长的积分时间会导致谱峰展宽、强度和分辨率下降。二是提高线谱检测门限。但提高线谱检测门限会降低检测概率。为了提高低信噪比下的线谱检测,可利用多个时刻的谱值推迟决策的方法,即低频分析和记录(Low Frequency Analysis and Recording,LOFAR)图。线谱除了在谱的形状满足一定的斜率和宽度要求外,在时间上会持续一段时间。在LOFAR图上检测和提取谱线,有三类图像处理方法。第一类采用经典的图像处理方法,Chen-shan Wang利用霍夫变换(Hough Transform,HF)来检测LOFAR图中的谱线[29],为了进一步提高检测性能,Vance A. Brahoshky把图论Hough变换和启发式搜索结合起来[30]。这些方法的优点是线谱为直线时在低信噪比下有很强的提取能力,但当谱线为曲线时效果差。Martino等[31]把边缘检测方法和线谱跟踪过程结合起来以解决LOFAR图中的线谱检测和提取问题。这种方法有一定的抑制噪声能力,但经典的边缘检测算子处理在低信噪比下的淹没在噪声中的线谱时,将会产生许多虚假和破碎的边缘。第二类将线谱检测和提取问题转化为寻优问题。J.D. Martino和J.P.Haton等[32]研究了LOFAR图中谱线幅值和频率变化连续的特点,定义了一个代价函数,求使代价函数最小的最佳路径,若一最佳路径通过某点一次,则对应计数器增加一次。由于代价函数充分考虑了线谱特点,此最佳路径属于线谱的概率很大,利用这种方法处理后的图像表示最佳路径经过的次数。处理后LOFAR图中噪声点得到一定的去除。路径长度较大时对噪声剔除效果好。但路径长度较小时处理效果比较差,产生了许多"多余轨迹",而且丢失了幅度信息。美国军事技术情报社(AD)报告[33]中指出把谱线提取问题转化为最优化问题并用模拟退火算法寻优。但该算法是局部谐调算法,需事先知道谱线的大体位置,另外,该算法在实现过程中为了防止断线,采用了模板匹配,使该方法适用于谱线频率变化不大的情况。陈敬军从谱线和噪声在LOFAR中的差异出发,定义了一个新的代价函数[34]，给出了在整个 LOFAR 图中检测和提取线谱的全局最优算法，但是谱线初始状态对算法的影响较大，计算量较大，对于实际海上的复杂情况，各种参数选择比较困难。第三类是智能线谱检测和提取法。模仿声呐兵的双阈值检测过程，第一次设置一个门限，根据不同时刻、频点的灰度值的大小初步判断该点是否可能是谱线上的点，然后利用线谱的形状特点和时间上的连续性，第二次取门限来完成检测。

对接收数据自相关矩阵的进行子空间分解来提取线谱的方法，例如谐波分解(Pisarenko Harmonic Decomposition, PHD)、多信号分解(Multiple Signal Classification, MUSIC)、Mini-Norm(最小范数算法)以及基于旋转不变性质估计频率参数的方法(Estimating Signal Parameters via Rotational Invariance Techniques, ESPRIT)算法，通过直接对接收数据矩阵做奇异值分解来代替对接收数据的协方差矩阵估计值做特征值分解[35]。相对而言，这些算法涉及较大的矩阵运算，水声环境中对数据协方差矩阵的估计准确度要求高，涉及大量的修正运算；而基于相位补偿的时、频域平均方法，当信号频率未知时，无法实现对信号的整数倍周期截取，导致算法性能下降，甚至存在降低信噪比的问题[37-39]；而利用功率谱的分布特性构造检验统计量的方法，估计值参数遇到低信噪比时取得虚数解，导致检测结果发散；自适应线谱增强(Adaptive Line Enhancer, ALE)[40]算法[40-46]由于存在着迭代噪声，其处理增益在输入信噪比很低时，ALE 的性能很差，而且迭代噪声随自适应权个数的增大而增大，因而权的个数不宜太多，故 ALE 的增益受到限制。因此在极低信噪比环境下采取以上估计线谱频率的方法检测目标技术几乎不可获取。

固有特征线谱较连续谱有更高的谱级，并且在长距离传输过程中保持了惊人的稳定特性，通过特定的宽带融合信号处理方法提高被动声呐对水下微弱目标的探测能力是近年来水声信号处理和声呐设计的重要课题[47]。目前国内刊载的相关方法主要有哈尔滨工程大学梁国龙提出的瞬时方差检测器，采用频率方差加权直接进行线谱方位估计，另外是中国科学院声学研究所针对目标辐射噪声甚低频线谱提出的超精细的窄带被动检测。对每个频带的空间谱进行特征提取，获得该频带方位输出，最后将所有频带的决策结果进行融合。但水声信号经常伴随着突发强干扰，噪声非平稳，当信噪比下降、存在相干干扰或宽带强干扰时，线谱频带的决策误差变大，融合结果不可信，常规的方位稳定性算法的检测性能下降[48]。因此，线谱检测在什么情况下优于常规的能量积分算法？信噪比低、干扰严重，甚至存在相干干扰下的线谱检测方法的适用性都需要验证。

1.3 基于声反射断层扫描成像的目标检测

目前，已有的水下目标的高分辨成像技术可通过基阵运动合成孔径提高声呐检测性能。20 世纪 50 年代，便有条带式和聚焦式两种体制的线合成孔径声呐，由于声波在水中传播时受随机起伏扰动影响很大，水声信号受水体和散射目标调制，往往会有较大的畸变，回波信号的相干性能否支持合成孔径处理是个问题。进入 20 世纪 80 年代，Gough 等进行了一系列实验，表明较短时间内水声信道的相关性能够满足合成孔径成像要求。随着水下导航和高速数字信号处理技术的快速发展，国际上已经出现了多个 SAS 实验样机，具有代表性的包括挪威研究所和Kongsberg海洋研究所用于反水雷作战任务的HISAS1030、北约水下研究中心(National Undersea Research Center,NURC)用于水雷战研究的MUSCLE、意大利SACLANT水下研究中心研制的主要用于掩埋雷探测的海洋探测无人水下机器人(Underwater Unnmaned Vehicle,UUV),以及美国宾州大学应用研究实验室(Applied Reaserch Laboratory,ARL)研制的双频合成孔径声呐SAS21。上述SAS在几百千赫兹的工作频段,作用距离有限,图像分辨率在10 cm×10 cm以内。国内SAS的研究起步较晚,在国家的持续支持下,中国科学院先后完成了高频SAS和双频SAS样机的研制[49-50]。声反射断层分析技术和聚焦式合成孔径声呐工作机理一样,将测量空间通过一系列信号处理算法映射到反映目标反射强度分布的图像域空间,而声反射断层扫描重建思想根据声呐相对目标360°方向的方位距离域反射投影数据,可以利用到更多的反射信息。

声反射断层扫描方法可参考聚焦式合成孔径雷达成像算法,其关键技术包括极坐标下波数变换和插值、斜平面和目标平面变换、数字重建算法、平台运动误差对算法的影响和补偿等。其中数字重建信号处理算法中,传统基于条带式合成孔径算法,例如扫频比例调制(Chirp Scaling,CS)算法、距离徙动(Rage Migration Algorithm,RMA)算法、距离多普勒算法,均基于相位补偿和匹配滤波思想,匹配滤波函数的多普勒调频率随目标距离变化而变化,不能直接应用于非线性几何。基于CS算法的高速自聚焦算法虽然可以在目标位于雷达路径外工作,但近似处理限制了角度间隔取值。而时间域相关(Time Domain Correlation,TDC)、距离堆积算法、反投影(Back Projection,BP)算法,可以在任何几何运动模型下工作,但计算复杂度大[51-53]。采用极坐标下分频带处理融合的检测算法可以在节约计算量的前提下提高输出信噪比,是一种比较实用的算法。

分别采用图1-1中线合成孔径和声反射断层扫描CT(Computer Tomography,计算机断层扫描)方法对图1-2(c)目标进行成像。图1-2(a)为目标空间中的显著反射点对应的距离随方位的弦图。图1-2(b)目标上每个显著反射亮点在距离方位测量空间上都会表现为一条正弦曲线。可见线合成孔径声呐成像测量数据空间目标反射回波信息较360°扫描的测量空间有限,波数域成像算法中采用近似处理带来的误差较大。

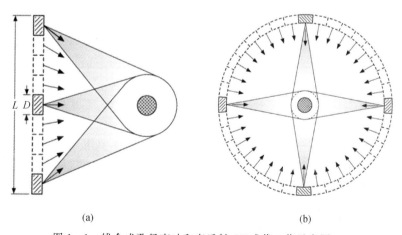

图1-1 线合成孔径声呐和声反射CT成像工作示意图

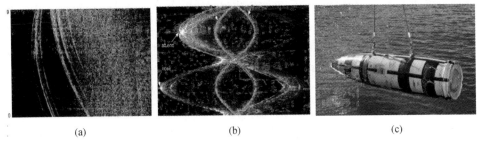

图 1-2 距离方位迁徙曲线
(a)线合成孔径测量空间；(b)360°CT 扫描测量空间；(c)900 kg 炸弹目标实物图

1.4 声呐方位历程图显示后置处理

水声信道的时变模型会影响分频带多波束输出功率结果,如果声呐系统的输入信号完全符合建模时的假定条件,那么输出的多波束数据是随机信号,遵从某种分布。但是,如果输入信号受到意外的干扰,那么输出数据除了具有平稳随机过程的特点之外,还可能出现异常的跳动和衰落,这就是所谓的野值。

野值的出现使一维的显示产生异常的亮点或暗点,使二维的显示出现异常的闪烁,影响视觉判断和检测结果[17]。只有把野值滤除掉,才有可能获得设计声呐时所希望具备的功能,如定位、侧向、测距和特征提取。声呐显示和控制系统是声呐系统的重要组成部分,不正确的处理会使信号处理系统已获得的增益在界面处全部丢失。由于海洋噪声场的不均匀性和非平稳性,输入信号还会经常受到意外干扰,声呐显示视野中多个目标相互干扰、相互遮盖,使探测结果方位历程图像出现轨迹模糊、相互间断、图像闪烁、干扰成片等现象,影响视觉判断和检测结果。后置处理算法可以使信息更加清晰、有效地呈现在声呐员面前,从而为声呐员提供更丰富、更简明的信息,以增加检测概率和提高判断的准确性,同时减轻声呐员的工作强度。

参 考 文 献

[1] 马启明,王宣银,杜栓平. 基于频谱幅度起伏特性的微弱信号检测方法研究[J]. 电子信息学报,2008,30(11):2642-2645.

[2] 蒋小勇,杜选民. 强干扰背景下的鱼雷辐射噪声信号检测方法[J]. 声学技术,2010,29(1):18-22.

[3] 刘满科,相敬林. 起伏背景下目标噪声线谱检测与频率估计[J]. 声学技术,2008,27(5):746-749.

[4] 陈新华,鲍习中,李启虎,等. 水下声信号未知频率的目标检测方法研究[J]. 兵工学报,2012,33(4):471-475.

[5] 刘伯胜,雷家煜. 水声学原理[M]. 哈尔滨:哈尔滨工程大学出版社,1993.

[6] 王之程,陈宗岐. 舰船噪声测量和分析[M]. 北京:国防工业出版社,2004.

[7] MEYE D P, MAYER H A. Radar target detection [M]. New York: Academic Press, 1973.

[8] FERGUSON B G, WYBER R J. Generalized framework for real aperture, synthetic aperture, and tomography sonar imaging [J]. IEEE Journal of Oceanic Engineering, 2009,34(3):225-238.

[9] 吴国清.舰船噪声识别(Ⅰ):总体框架、线谱分析和提取[J].声学学报,1998,23(5):394-400.

[10] 吴国清.舰船噪声识别(Ⅱ):线谱稳定性和唯一性[J].声学学报,1999,24(1):6-11.

[11] 刘铭克.舰船水噪声线谱的稳定性[C]//第六届船舶水下学术讨论会.桂林:[出版者不详],1995:17-22.

[12] FERGUSON B G, WYBER R J. Application of acoustic reflection tomography to sonar imaging [J]. J Acoust Soc Amer, 2005, 117: 2915-2928.

[13] 程广利,徐国军,张明敏.投影层析成像算法在水下目标成像中的仿真研究[J].水声及物理声学,2007, 26(4):80-83.

[14] PIDSLEY P H, SMITH R A, DAVIES G L. Reconstruction of sonar images using computerized tomography [J]//GEC Journal of Research,1995,12(3):174-180.

[15] MANI T R, KUMAR R. Application of ocean acoustic tomography in shape reconstruction of underwater objects[C]//International Conference on Information Technology.New York:IEEE,2014:327-332.

[16] Huang C, Huang S, Zhou H. A Sound-Speed imaging method based on ray tomography[C]//OCEANS 2019 - Marseille. New York:IEEE,2019:1-4.

[17] 李启虎. 数字式声呐设计原理[M]. 合肥:安徽教育出版社,2002.

[18] 自然科学、数学与应用委员会. 2000—2035年美国海军技术[M]. 华盛顿:美国国家科学院出版社,1997.

[19] 李启虎,李敏,杨秀庭.水下目标辐射噪声中单频信号分量的检测:理论分析[J].声学学报,2008(3):193-196.

[20] 李万春.关于线谱标准和判定准则问题初步研究[C]//第六届船舶水下学术讨论会.桂林:[出版者不详],1995:23-28.

[21] 陶笃纯.螺旋桨空化噪声谱[J].声学学报,1982,7(6):344-350.

[22] 王本刚,董大群. 舰船噪声包络谱分析[J].交通部上海船舶运输科学研究所学报,2001, 24(2):124-127.

[23] 朱锡清.水下高速航行体对转螺旋桨线谱噪声预报研究[J].声学学报,1998,23(2):123-133.

[24] 张振海,朱石坚,楼京俊. 基于跟踪混沌化方法的线谱控制技术[J]. 振动与冲击, 2011,30(7):40-44.

[25] 侯铁双. 基于复解析小波变换的信号包络检测[J]. 西安邮电学院学报,2011, 16(3):18-21.

[26] HINICH M J. Detecting a hidden periodic signal when its period is unknown [J].

IEEE Transaction on Acoustics Speech and Signal Processing,1982,30(5):747-750.

[27] 陈敬军.被动声呐线谱检测技术综述[J].声学技术,2004,23(1):57-60.

[28] WAN C R. Optimal tonal detection based on the power spectrum [J]. IEEE Journal of Oceanic Engineering,2000,25(4):540-552.

[29] WANG C S. Moving object detection by track analysis[R].California:Naval Postgraduate School,1990.

[30] BRAHOSHKY V A. A combinatorial approach to automated LOFAR gram analysis[R]. California:Naval Postgraduate School,1990.

[31] MARTINO J D, TABBONE S. Detection of LOFAR lines [R].California:Naval Postgraduate School,1990.

[32] MARTINO J D, HATON J P, LAPORTE A. LOFAR gram line tracking by Multistage Decision Process[C]//ICASSP-93. New York:IEEE Press,1993(1):317-320.

[33] Chen T S .Simulated annealing in sonar track detection [J].Thesis Collection,1990.

[34] 陈敬军.模拟退火算法和谱线检测和提取[D].南京:东南大学,1997.

[35] SANEI S. A new adaptive line enhancer based on singular spectrum analysis [J]. IEEE Transaction on Biomedical Engineering,2012,59(2):428-434.

[36] DIMITRIS G M. Statistical and adaptive signal processing [M]. 西安:西安电子科技大学出版社,2012.

[37] 陈新华,孙长瑜,鲍习中.基于相位补偿的时域平均方法[J].应用声学,2011,30(4):268-274.

[38] 沈国际,陶利民,徐永成.时域同步平均的相位误差累积效应研究[J].振动工程学报,2007,20(4):335-339.

[39] 陈绍华,相敬林.一种改进的时域平均法检测微弱信号研究[J].探测与控制学报,2003,25(4):56-59.

[40] 郭业才,赵俊渭,陈华伟.基于高阶累积量的水下目标动态线谱增强算法研究[J].西北工业大学学报,2002,20(3):449-453.

[41] GUO Y C. Coherent accumulation algorithm based multilevel switching adaptive line enhancer [C]//The Eighth International Conference on Electronic Measurement and Instruments. New York:IEEE Press,2007:357-362.

[42] YANG X T, LI M, ZHAO X Z. Optimum detectors of line spectrum signals in generalized Gaussian noise [C]//2011 Third International Conference on Measuring Technology and Mechatronics Automation.New York:IEEE Press,2011:819-822.

[43] WAN C R. Optimal tonal detectors based on the power spectrum [J]. IEEE Journal of Ocean Engineering,2000,25(4):540-552.

[44] 刘辉涛,丛卫华,潘翔.窄带弱信号的线谱检测:相干累加频域批处理自适应线谱增强方法[J].浙江大学学报,2007,41(12):2048-2051.

[45] GHOGUO M, IBNKHLA M, BERSHADN J, et al. Analytic behavior of the LMS adaptive line enhancer for sinusoids corrupted by multiplicative and additive noise [J]. IEEE Transactions on Signal Processing, 1998, 46(9):2386-2393.

[46] 侯宝春,惠俊英,蔡平. 用相干累加算法改进 ALE 的性能[J]. 声学学报,1991,16(1):25-30.

[47] AARABI P. The fusion of distributed microphone arrays for localization [J]. EURASIP Journal on Applied Signal Processing, 2003(4):338-347.

[48] 戴文舒,陈新华,孙长瑜,等. 利用分频带空间谱和波束域的输出直流跳变与起伏比值融合检测未知线谱目标[J]. 声学学报, 2015,40(2):178-186.

[49] 张鹏飞. 基于 UUV 的合成孔径声呐实时处理关键技术研究[D]. 北京:中国科学院声学研究所. 2015.

[50] 孔辉,范威,李颂文. 圆合成孔径声呐时域和波数域成像方法比较[J]. 声学技术,2017,36(6):269-270.

[51] JAKOWATZ C V, WAHL D E., EICHEL P H, et al. Spotlight-mode synthetic aperture radar: a signal processing approach [M]. Boston: Kluwer Academic Publishers, 1996.

[52] JAKOWATZ C V, TOMPSON P A. A new look at spotlight mode synthetic aperture radar as tomography: imaging 3-D targets [J]. IEEE Transactions on Image Processing, 1995, 4(5):699-703.

[53] SOUMEKH M. Synthetic aperture radar signal processing [M]. New Jersey: Prentice-Hall,1990.

第 2 章　线列阵目标检测基本理论

方位(Angle of Arrival，AOA)估计是拖曳线列阵定位声呐最为关键的信号处理技术。通过对空间中一定方向来波信号的提取,可以检测目标的有无。由于宽带信号具有目标回波携带的信息量大,混响背景相关性弱,有利于目标检测、参量估计和目标特征提取等特点[1-4],现在在主动声呐中越来越多地使用宽带信号。而在被动声呐中,利用目标辐射的宽带连续谱进行目标检测是有效发现目标的一种重要手段。处理宽带信号的需求推动了对宽带波束形成的研究。

宽带波束形成的具体实现主要有时域和频域两种形式。经典的时域宽带波束形成通过对基阵各个阵元输出进行加权,然后用时延滤波器或是数字延迟线实现阵元输出的时间延迟,最后把各路加权延迟后的输出相加得到波束输出。这种做法实际上对信号带宽内的各个频点采用了相同的幅度加权和时间延迟,若要对各个频点进行不同的加权处理,则需采用频域的宽带波束形成。在频域波束形成方式中,先对基阵各个阵元的输出做离散傅里叶变换,以实现分频带处理。对各个频带,进行窄带的波束形成,设计各自的波束形成向量来实现分频带波束形成。通过离散傅里叶逆变换,可以把分频带波束输出转化到时域中。但是在实际中,有用信号往往被干扰所污染,若干扰方向信号很大,通过副瓣进入有用信号带宽内的干扰可能都比信号要强,影响弱目标的检测。因此本章主要介绍常规窄带波束形成的基本原理以及低旁瓣波束优化方法,并给出相应的仿真结果。

2.1　常见的波束形成原理

波束形成是现代声呐的核心部件,一方面是为了获得足够大的信噪比,另一方面是为了得到高的目标方位分辨力。通过对阵元输出进行不同的加权,可以得到不同的波束图,而波束图的形状刻画了波束形成器的空间滤波特性。

2.1.1　常规波束形成器

假设平面基阵接收远场单目标发射的窄带信号,当目标和基阵位于同一平面内时,基阵输出为

$$X(f_c) = \boldsymbol{a}(f_c,\theta)S(f_c) \tag{2-1}$$

对窄带快拍数据进行加权求和,得到波束形成器的输出为

$$Y(f_c) = \boldsymbol{w}^{\mathrm{H}}(\theta_s)X(f_c) \tag{2-2}$$

式中，$w(\theta_s)=[w_1(\theta_s) \quad w_2(\theta_s) \quad \cdots \quad w_M(\theta_s)]^T$ 称为波束形成权向量，θ_s 是波束指向角。波束形成权向量的每个元素都是复数，其模表示对阵元输出信号的幅度加权，其幅角表示对阵元输出信号的相位延迟。对于窄带信号，相位延迟等效于时间延迟，窄带波束形成器的设计问题就是设计加权向量。

常规波束形成是指对基阵各个阵元的输出信号进行相同的加权，而只是施加不同的时间延迟。波束输出权向量为

$$w(\theta_s)=a(f_c,\theta_s) \tag{2-3}$$

对于均匀线列阵，有

$$w(\theta_s)=\left[1 \quad e^{\frac{j2\pi f_c d\cos\theta_s}{c}} \quad \cdots \quad e^{\frac{j2\pi f_c d(N-1)\cos\theta_s}{c}}\right]^T \tag{2-4}$$

若要同时形成 $\theta_1,\theta_2,\cdots,\theta_B$ 的 B 个波束，就构成了波束形成权向量矩阵，即

$$W=[w(\theta_1) \quad w(\theta_2) \quad \cdots \quad w(\theta_B)] \tag{2-5}$$

2.1.2 窗函数加权法

因为强干扰目标通过波束副瓣泄漏会对弱目标的检测带来影响，所以需要降低波束输出的旁瓣级。

为了抑制旁瓣区域入射的干扰信号，可以在补偿基阵各个阵元输出时间延迟的同时对其进行一定的幅度加权，均匀分布的线列阵常见方法是 Dolph - Chebyshev 加权，这种加权可以获得相同的旁瓣级，但是旁瓣级的降低是以主瓣宽度增加为代价的。Dolph - Chebyshev 加权具有的特点是：在任意给定旁瓣级下，Dolph - Chebyshev 加权能使主瓣宽度最窄，而在给定主瓣宽度情况下 Dolph - Chebyshev 加权能使旁瓣级最低。但是对于圆阵和其他非均匀线列阵，需要针对这些阵型设计低旁瓣波束[2-3]。

2.2 旁瓣控制最优波束设计

由均匀线列阵指向性函数可知，主极大方位不同，线阵方向性主波束(主瓣)宽度不同[4]。若主波束宽度采用主波束值为零时两个零点角度间隔的一半，有

$$\frac{\varphi}{2}=\arcsin\left[\cos(\theta)+\frac{c}{Ndf}\right]-\arcsin[\cos(\theta)] \tag{2-6}$$

式中，$\theta\in[0°,180°]$ 为入射方向角，N 为阵元个数，d 为阵元间距。可见主波束宽度在入射角为端射方向时变宽。为使期望方向信号无失真输出，旁瓣级最低，最小化波束形成器其他方向输出功率，从而使输出信噪比最大。波束图设计最优化问题要考虑主瓣宽度变化问题。

2.2.1 二阶锥规划方法

标准的凸优化问题[5-6]可以描述为

$$\max_y \boldsymbol{b}^T \boldsymbol{y} \tag{2-7}$$

限制条件为

$$c - \mathbf{A}^\mathrm{T} \mathbf{y} \in \kappa \tag{2-8}$$

式中：向量 $\mathbf{y}$ 为包含设计变量的待求向量，$\mathbf{A}$ 为任意矩阵；$\mathbf{b}$，$\mathbf{c}$ 为任意向量；κ 为对称锥集合。目前广泛使用的 SeDuMi 优化软件可以用于求解上述凸优化问题[7-10]。

基本锥由对应不等式限制的二阶锥和对应等式限制的零锥构成，其中 $(q+1)$ 维二阶锥的定义为

$$\mathrm{SOC}^{q+1} = \left\{ \begin{bmatrix} g \\ \mathbf{G} \end{bmatrix} \in \mathbf{R} \times \mathbf{C}^q \,\Big|\, g \geqslant \|\mathbf{G}\| \right\} \tag{2-9}$$

式中，g 为实数集 $\mathbf{R}$ 范围内的非负标量，$\mathbf{G}$ 为 q 维复数列向量 $\mathbf{C}^q$ 范围内的列向量。

零锥的定义为

$$\{0\} = \{g \in \mathbf{C} \mid g = 0\} \tag{2-10}$$

式中，g 为复数集 $\mathbf{C}$ 范围内的标量。

如果 1 个对称锥集 $\kappa = \{0\}^f \times \mathrm{SOC}^{q+1}$，则从 $(f+q+1)$ 维列向量 $(c - \mathbf{A}^\mathrm{T} \mathbf{y})$ 开始的 f 个元素满足零锥约束，余下的 $(q+1)$ 个元素满足一个 $(q+1)$ 维二阶锥限制。

将波束形成旁瓣最低二阶锥凸优化设计（Second Order Cones Programming Minimum Side Lobe，SOCP-MSL），描述为

$$\min_{\mathbf{w}} \delta \tag{2-11}$$

使得满足条件：

$$\left. \begin{aligned} \mathbf{w}^\mathrm{H} \mathbf{a}(\theta_s) &= 1 \\ |\mathbf{w}^\mathrm{H} \mathbf{a}(\theta_i)| &\leqslant \delta \quad i \in I \end{aligned} \right\} \tag{2-12}$$

首先对输入、输出的向量和矩阵的复数参数实数化处理，引入 $(2N+1)$ 维实数列向量 $\mathbf{y} = [\delta \quad \mathbf{y}_1^\mathrm{T}]^\mathrm{T}$。定义 $2N$ 维实数列向量 $\mathbf{y}_1 = [\mathrm{Re}\{\mathbf{w}\}^\mathrm{T} \quad \mathrm{Im}\{\mathbf{w}\}^\mathrm{T}]^\mathrm{T}$。引入 $(2N+1)$ 维向量 $\mathbf{b} = [-1 \quad \mathbf{0}^\mathrm{T}]^\mathrm{T}$，$2N$ 维实数列向量 $\mathbf{v}_a(\theta)$，$\mathbf{v}_b(\theta)$，其表达式分别为

$$\mathbf{v}_a(\theta) = [\mathrm{Re}\{\mathbf{a}(\theta)\}^\mathrm{T} \quad \mathrm{Im}\{\mathbf{a}(\theta)\}^\mathrm{T}]^\mathrm{T} \tag{2-13}$$

$$\mathbf{v}_b(\theta) = [-\mathrm{Im}\{\mathbf{a}(\theta)\}^\mathrm{T} \quad \mathrm{Re}\{\mathbf{a}(\theta)\}^\mathrm{T}]^\mathrm{T} \tag{2-14}$$

新引入的实数参量和原复数参量的关系为

$$\mathbf{a}^\mathrm{H}(\theta) \mathbf{w} = \mathbf{v}_a^\mathrm{T}(\theta) \mathbf{y}_1 + \mathrm{j} \mathbf{v}_b^\mathrm{T}(\theta) \mathbf{y}_1 \tag{2-15}$$

将实数参量代入设计准则式，可以得到标准凸锥优化形式：

$$\max_{\mathbf{w}} \mathbf{b}^\mathrm{T} \mathbf{y} \tag{2-16}$$

使得满足条件

$$\left. \begin{aligned} \mathbf{v}_a^\mathrm{T}(\theta_s) \mathbf{y}_1 &= 1 \\ \mathbf{v}_b^\mathrm{T}(\theta_s) \mathbf{y}_1 &= 0 \\ |\mathbf{v}_a^\mathrm{T}(\theta_i) \mathbf{y}_1 + \mathbf{v}_b^\mathrm{T}(\theta_i) \mathbf{y}_1| &\leqslant \mathbf{b}^\mathrm{T} \mathbf{y} \quad i \in I \end{aligned} \right\} \tag{2-17}$$

构建 2 个零锥约束：

$$\begin{pmatrix} 1 \\ 0 \end{pmatrix} - \begin{pmatrix} 0 & \mathbf{v}_a^\mathrm{T}(\theta_s) \\ 0 & -\mathbf{v}_b^\mathrm{T}(\theta_s) \end{pmatrix} \begin{pmatrix} \delta \\ \mathbf{y}_1 \end{pmatrix} = \begin{pmatrix} 0 \\ 0 \end{pmatrix}$$

$$\mathbf{c}_1 - \mathbf{A}_1^\mathrm{T} \mathbf{y} \in \{\mathbf{0}\}^2 \tag{2-18}$$

根据旁瓣约束不等式限制条件构建 I 个 3 维二阶锥：

$$\begin{pmatrix}0\\0\\0\end{pmatrix} - \begin{pmatrix}-1 & \mathbf{0}\\ 0 & -\boldsymbol{v}_a^{\mathrm{T}}(\theta_i)\\ 0 & -\boldsymbol{v}_b^{\mathrm{T}}(\theta_i)\end{pmatrix}\begin{pmatrix}\delta\\ \boldsymbol{y}_1\end{pmatrix} = \begin{pmatrix}\delta\\ \boldsymbol{v}_a^{\mathrm{T}}(\theta_i)\ \boldsymbol{y}_1\\ \boldsymbol{v}_b^{\mathrm{T}}(\theta_i)\ \boldsymbol{y}_1\end{pmatrix}$$

$$c_{i+1} - \boldsymbol{A}_{i+1}^{\mathrm{T}} y \in \mathrm{SOC}^3 \quad i=1,\cdots,I \tag{2-19}$$

令 $c = [c_1\ c_2\ \cdots\ c_{I+1}], \boldsymbol{A}^{\mathrm{T}} = [\boldsymbol{A}_1\ \boldsymbol{A}_2\ \cdots\ \boldsymbol{A}_{I+1}]^{\mathrm{T}}$,对称锥 $\kappa = \{0\}^2 \times \underbrace{\mathrm{SOC}^3 \times \cdots \times \mathrm{SOC}^3}_{I}$,将参量 $b, \boldsymbol{A}, c, \kappa$ 代入模块 SeDuMi[7-10]求解向量 y。

有时,为了指定特定的旁瓣级,可以采用旁瓣控制高增益波束设计(Second Order Cones Programming Side Lobe Control,SOCP-SLC),描述为

$$\min_{w} w^{\mathrm{H}} \boldsymbol{R}_n w \tag{2-20}$$

使得满足条件

$$\left.\begin{aligned}w^{\mathrm{H}} \boldsymbol{a}(\theta_s) &= 1\\ |w^{\mathrm{H}} \boldsymbol{a}(\theta_i)| &\leqslant 10^{-\frac{e}{10}} \quad i \in I\end{aligned}\right\} \tag{2-21}$$

相应的标准凸优化转化形式见参考文献[5]。

2.2.2 基阵阵列流型测量

实际中需要对阵列流型进行估计[6],即基阵校准。在校准中,假设仅有一个信号源存在,并将该信号源放置在基阵的远场或者可以近似基阵远场的地方,转动基阵以变换信号源相对基阵的方位。在每个方位上均采集基阵输出,为了获得实验基阵对于该方向的实测基阵响应向量,可以将基阵各个阵元的输出进行变换,对基阵 i 号阵元输出进行采样后,得

$$x_i(n) = A\cos(2\pi fn + \varphi), \quad n=1,2,\cdots,M \tag{2-22}$$

式中,$f = f_0/f_s$ 是信号的数字频率,$\varphi = 2\pi f_0(i-1)d\cos(\theta)/c$ 是延时相位,M 是采样点数。

$$y_i(n) = x_i(n)\mathrm{e}^{-\mathrm{j}2\pi fn} = 0.5A\mathrm{e}^{\mathrm{j}\varphi} + 0.5A\mathrm{e}^{-\mathrm{j}(4\pi fn+\varphi)} \tag{2-23}$$

$$z_i = \frac{1}{M}\sum_{n=1}^{M} x_i(n)\mathrm{e}^{-\mathrm{j}2\pi fn} = 0.5A\mathrm{e}^{\mathrm{j}\varphi} + \frac{A\sin(2\pi Mf)}{2M\sin(2\pi f)}\mathrm{e}^{-\mathrm{j}[2\pi(M-1)f+\varphi]} \tag{2-24}$$

因此,当 $M = \frac{m}{2f}, m=1,2,\cdots$ 时,上式第二项为 0,可得 $x_i(n)$ 的幅度和相位。

各个阵元的输出经过上述处理后,就得到了实验基阵对某个方向来的窄带信号的响应向量。对于不同方向的响应向量的集合,就构成了实验基阵的实测阵列流型。至于应该在多少个方向上测量基阵的响应向量,则应视具体情况而定,其选取依据主要为声呐系统要求的侧向精度。

2.3 设计实例

2.3.1 理想阵列流型条件下波束设计仿真[11]

考虑一个阵元间距为 8 m 的 32 元均匀线列阵,当接收声信号频率为 70 Hz 时,不考虑噪声。入射方向从 20°变到 90°时,分别采用常规波束形成、SOCP-MSL 方法、Dolph-

Chebyshev 加权设计波束图。由图 2-1 可知,入射角在端射方向时,SOCP-MSL 方法较 Dolph-Chebyshev 加权在方位分辨率更好,同时能获得与 Dolph-Chebyshev 加权相同的旁瓣级。随着入射角度向法线方向移动,由图 2-2 可知,波束主瓣逐渐变小,波束旁瓣级逐渐升高,Dolph-Chebyshev 加权和 SOCP-MSL 方法设计的波束图旁瓣级基本相同,都压低了第一副瓣,但是其他方向的旁瓣泄漏甚至高于常规波束形成加权。因此最优化二阶锥加权方法为换取低的旁瓣级,需要牺牲方位分辨率,增加主瓣宽度。

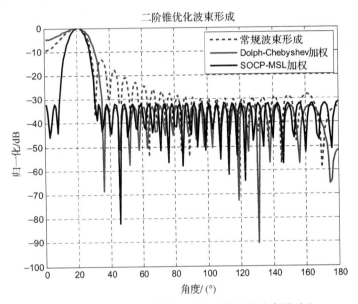

图 2-1 端射方向入射时三种方法设计的波束图对比

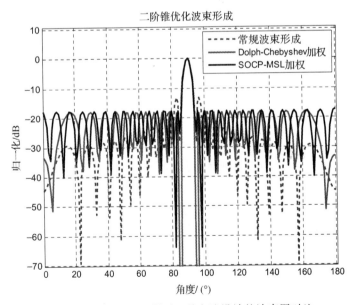

图 2-2 法线方向入射时三种方法设计的波束图对比

采用常规波束形成、SOCP-SLC 方法、Dolph-Chebyshev 加权设计波束图,设置的旁瓣级为 -30 dB,由 Dolph-Chebyshev 方法可以确定主瓣宽度为 $\theta_c = \mathrm{int}(\frac{\theta_{sbw}}{2}+1.5)$,其中 θ_{sbw} 为主瓣幅度下降到旁瓣级幅度时的波束宽度值。由图 2-3 可知,当旁瓣级确定后,按固定主瓣宽度确定二阶锥优化权值的信号入射区域,当入射角度移向端射方向时,主瓣宽度将大于 θ_c。这样,若依旧按照 θ_c 设计二阶锥优化权值,则旁瓣约束范围内的波束图较常规波束图反而升高,如图 2-4 所示。而按照端射方向的主瓣宽度自适应的二阶锥优化约束条件进行设计,可以得到满足要求的波束图,如图 2-5 所示。

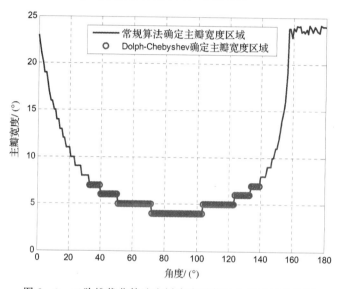

图 2-3 二阶锥优化算法主瓣宽度随信号入射区域变化图

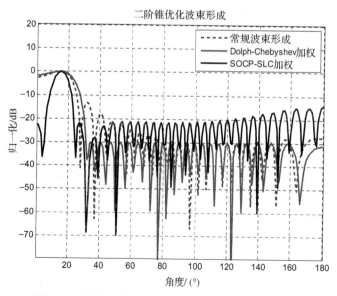

图 2-4 固定主瓣宽度时三种方法设计的波束图对比

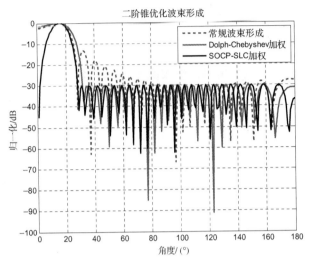

图2-5 随入射角设定主瓣宽度时三种方法设计的波束图对比

2.3.2 实测阵列流型条件下波束设计仿真

同样考虑一个阵元间距为 8 m 的 32 元均匀线列阵,当接收声信号频率为 70 Hz 时,不考虑噪声。当信号从 110°方向入射到基阵时,由图 2-6 可见二阶锥优化方法设计的波束图能够有效抑制旁瓣的泄漏,但较常规波束形成波束图主瓣要宽,因此,目标分辨率要差。图 2-7 是根据 SOCP-MSL 波束优化和常规波束形成得到的方位谱图,可见二阶锥最优化方法能有效克服旁瓣的泄漏。图 2-8 所示是目标从 98°入射角入射到基阵,位于基阵 110°方向有一同频强干扰,信干比是 −20 dB,可见常规波束形成的方位谱旁瓣高,导致弱信号被干扰的旁瓣淹没,而二阶锥优化波束形成方位谱可以分辨出目标。图 2-9 所示是当干扰与目标信号不在同一频带时,信干比同样是 −20 dB,对信号频带进行波束优化,也可以明显判断弱目标的方位。可见,二阶锥波束优化算法可以抑制干扰,对弱小目标的检测有一定的效果。

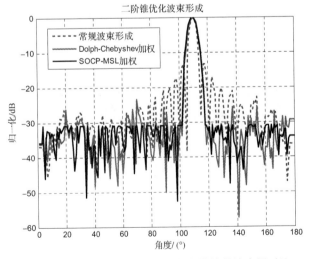

图2-6 实测阵列流型下三种方法设计的波束图对比

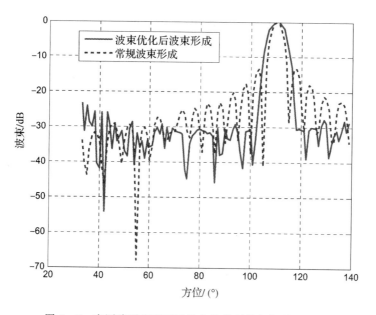

图 2-7 实测阵列流型下两种方法得到的方位谱图对比

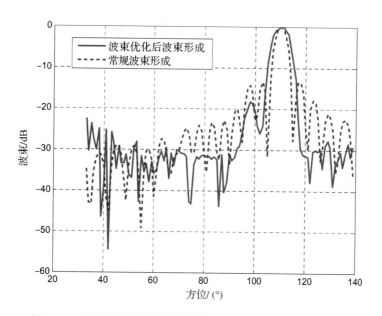

图 2-8 实测阵列流型下同频干扰存在时两种方法的方位谱图

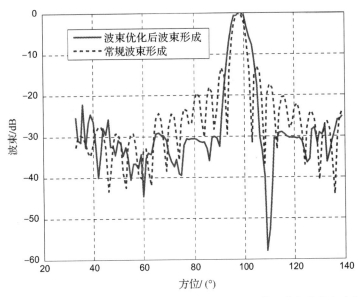

图 2-9 实测阵列流型下非同频干扰存在时弱信号频带两种方法的方位谱图

2.4 本章小结

本章介绍了目标方位估计中的波束图设计方法,其中基于二阶锥优化设计的方法将波束优化问题转化为标准的凸优化数学问题,进而有范式可循,可以针对目标需求进行不同的设计。波束旁瓣的降低势必带来主瓣的加宽,从而降低方位分辨率,换来对干扰的抑制能力。当存在同频干扰时,常规波束形成算法的方位谱图中目标被强干扰的旁瓣淹没,而二阶锥优化算法较常规算法能更好地识别弱目标;当目标和干扰非同频时,目标频带的二阶锥优化算法压低了方位谱图旁瓣,更有利于检测目标。实际中接收信号往往是宽带的,可以对处理频带分别进行阵列流型校准,分频带计算波束优化权值和方位谱图,若含有高强度稳定线谱,则采用二阶锥优化后的线谱频带的检测结果更有利于宽带融合。

参考文献

[1] 张灵珠. 宽带数字波束形成及侧向算法研究[D]. 哈尔滨:哈尔滨工程大学,2009.

[2] AGRAWAL M, PRASAD S. DOA estimation of wideband sources using a harmonic source model and uniform linear array [J]. IEEE Transactions on Signal Processing, 1999, 47(3): 619 - 629.

[3] 王永良,陈辉彭,应宁. 空间谱估计理论和算法[M]. 北京:清华大学出版社,2004.

[4] 赵春晖,李刚,李福昌. 宽带侧向研究现状及展望[J]. 哈尔滨工程大学学报,2006,27(2): 290 - 295.

[5] 陈鹏,马晓川,阎晟. 基于二阶锥规划的非均匀线列阵优化波束形成[J]. 电声基础,

2007, 32(4): 39-43.
[6] 杨益新. 声呐波束形成与波束域高分辨方位估计技术研究[D]. 西安:西北工业大学, 2002.
[7] 鄢社锋, 马远良. 传感器阵列波束优化设计及应用[M]. 北京:科学出版社, 2009.
[8] LOBO M, BOYD S, LEBRET H. Applications of second order cone programming [J]. Linear Algebra and Its Applications, 1998, 284(11): 193-228.
[9] LEBRET H, BOYD S P. Antenna array pattern synthesis via convex optimization [J]. IEEE Trans. on Signal Processing, 1997, 45(3): 526-532.
[10] STURM J F. Using SeDuMi 1.02, a MATLAB toolbox for optimization over symmetric cones [J]. Optimization Methods and Software, 1999, 11-12(1-4): 625-653.
[11] DAI W S, BAO K K, WANG P, et al. Anti-interference beam pattern design on second cone programming optimization [J]. Journal of Measurement Science and Instrumentation, 2016, 7(3), 255-260.

第3章 舰船辐射噪声功率谱特性

舰船辐射噪声是由诸多因素引起的随机信号,其主要来源包括机械噪声、螺旋桨噪声和水动力噪声。舰船辐射噪声的特点是声源繁多,频谱成分复杂。根据谱特性划分,舰船辐射噪声包括平稳连续谱、线谱和时变调制谱。其中螺旋桨引起的空化噪声是由大量小气泡随机破碎引起的,所以空化噪声具有连续的频谱。大量统计资料表明,在高频段,平稳连续谱的谱级随频率大约每倍频程下降 6~8 dB,而在低频段,其谱级却随着频率的增加稍有提升,对于舰船和潜艇,这个峰值大约在 100~1 000 Hz 之间。而线谱则主要来源于机械噪声。螺旋桨共振及水流激发船体某些结构共振时会产生线谱[1-2]。时变调制谱则主要来源于螺旋桨叶片对辐射噪声的调制。此外,这些谱特性还随舰型和工况的不同而显著变化。因此要对舰船辐射噪声这种非平稳的随机过程完全精确的仿真是极其困难的。而且作为目标声源的辐射噪声和作为声呐平台背景干扰的辐射噪声,两者有很大的区别。前者在大多数情况下,由于声源和接收器的距离较远,可以看作点源,是一种平面波。而作为背景干扰的辐射噪声产生于船体的各个部位,处于近场条件,船体已不能再被视为单个理想点声源,而应是空间上有一定分布的体源。同时,海底、海面对这些声源及声场的影响就不能忽视了[3-6]。

3.1 舰船辐射噪声数学建模

舰船辐射噪声信号由平稳连续谱、低频线谱和包迹谱(时变调制谱)组成。因此,噪声时变功率谱可表示为

$$P(t,f) = P_c(f) + P_l(f) + 2m(t)m(f)P_c(f) \tag{3-1}$$

式中:$P_c(f)$ 为平稳各态历经高斯过程的连续谱;$P_l(f)$ 为频率上离散分布的线谱;$m(t)m(f)P_c(f)$ 为受到周期调制的时变功率谱;$m(t)$ 为调制函数,代表连续谱受到的周期性的时变调制;$m(f)$ 为调制深度谱,反映不同频率成分所具有的不同的调制度。

根据普遍采用的假设,可以认为舰船噪声近似服从高斯分布,其统计特性可通过二阶矩来描述,这样对舰船噪声源的仿真就可归结为对随机信号相关特性或功率谱特性的仿真。功率谱 $P_c(f)$ 形状满足以下特性:

(1) $P_c(f) = P_c(-f)$。

(2) 在 f_0 邻域有一谱峰。

(3) 低频部分，$P_c(f)$ 是 f 的增凸函数；高频部分，$f \gg f_0$，$P_c(f) \sim \dfrac{1}{f^2}$，$10\lg \dfrac{P_c(2f)}{P_c(f)} = -6$ dB。

对于经过时域模糊和频域模糊的舰船噪声平均功率谱，可用 Ecs 型功率谱来描述[60]：

$$P_c(f) = \frac{\sigma_w^2}{2\pi} \left[\frac{f_m}{f_m^2 + (f+f_0)^2} + \frac{f_m}{f_m^2 + (f-f_0)^2} \right] \quad (3-2)$$

模型中 f_0 决定曲线峰值的位置，f_m 决定曲线的尖锐程度和高度，f_m 小则峰高而陡峭。σ_w^2 与连续谱信号能量有关，由所要仿真的功率谱特性选择参数。在一个周期内，对 $P_c(f)$ 进行频域采样，得到 $P_c(m)$，$m=0,\cdots,M-1$。对 $P_c(m)$ 作 M 点 IFFT，得到噪声的自相关序列为

$$R_c(n) = \frac{1}{M} \sum_{m=0}^{M-1} P_c(m) e^{j\frac{2\pi}{M}mn} \quad (3-3)$$

式中，n 是噪声序列的采样间隔。

p 阶 AR 模型的系统函数可以写为

$$H(z) = \frac{1}{1 + \sum_{k=1}^{p} a_k^p z^{-k}} \quad (3-4)$$

假设方差为 σ_w^2 的高斯白噪声激励 AR 滤波器产生的噪声序列为 $c(n)$，噪声序列的自相关函数满足 Yule-Walker 方程：

$$\begin{bmatrix} R_c[0] & R_c[1] & \cdots & R_c[p] \\ R_c[1] & R_c[0] & \cdots & R_c[p-1] \\ \vdots & \vdots & & \vdots \\ R_c[p] & R_c[p-1] & \cdots & R_c[0] \end{bmatrix} \begin{bmatrix} 1 \\ a_1^p \\ \vdots \\ a_p^p \end{bmatrix} = \begin{bmatrix} \sigma_w^2 \\ 0 \\ \vdots \\ 0 \end{bmatrix} \quad (3-5)$$

自相关函数已知，为得到模型参数，直接求解需要求逆，可以用 Levenson-Durbin 递推法。

递推过程如图 3-1 所示。利用 AR 模型滤波完成下式运算：

$$c(n) = -\sum_{l=1}^{p} a_l^p c(n-l) + \sigma_p^2 w(n) \quad (3-6)$$

式中，$w(n)$ 是均值为 0、方差为 1 的白高斯序列，所得输出噪声信号时间序列 $c(n)$ 能以足够的精度，拟合指定的平稳噪声功率谱。

除了空化噪声的连续谱外，水流流过转动的螺旋桨叶片，会对螺旋桨噪声幅度产生周期性的调制，时变调制谱噪声模型可以表示为

$$x(t) = [1 + m_1(t)] c(t) \quad (3-7)$$

式中，$m(t) = m_1(t)^2$，$m(t)$ 基频是螺旋桨的转轴频率，调制函数是螺旋桨重复转动造成的周期函数，所以包络谱具有线谱频状，出现在螺旋桨转轴轴频和各次谐频上，幅度随机起伏，

在叶频上,线谱幅度显著增强。时变调制谱的建模与连续谱类似[8-10]。模型尚未涉及舰船噪声的空间结构,符合舰船噪声远场辐射噪声的特性。

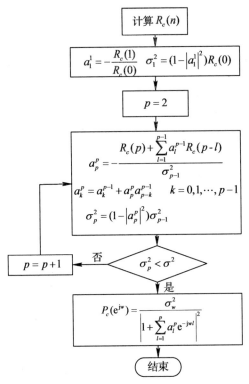

图 3-1 利用 Levenson-Durbin 递推法计算功率谱的流程图

3.1.1 舰船辐射噪声线谱特性

文献[11-13]除用实验数据指出舰船螺旋桨转动时对高频噪声作调幅调制外,还直接发出高强度的低频线谱,线谱表示为 $P_l(f)=\sum_{j=1}^{J}b_j^2\delta(f-f_j)$,线谱个数为 J,谐波信号的幅值和频率分别用 b_j 和 f_j 表示,该频率由舰船螺旋桨转速和螺旋桨叶片数决定,对应的时域信号为 $s(t)=\sum_{j=1}^{J}b_j\cos(2\pi f_j t+\varphi_j)$,叠加在连续谱上。

在噪声掩盖的情况下,设干扰噪声为高斯白噪声 $n(t)$,σ_n^2 为方差,文献[12]证明了局部平稳高斯过程 $x(t)=[1+m_1(t)]c(t)$ 加平稳高斯噪声 $n(t)$ 可视为另一平稳高斯过程:

$$y(t)=[1+\alpha m_1(t)]r(t) \tag{3-8}$$

式中,$\alpha=\dfrac{\sigma_c^2}{\sigma_c^2+\sigma_n^2}=\dfrac{\sigma_c^2/\sigma_n^2}{1+\sigma_c^2/\sigma_n^2}$,$r(t)$ 为窄带平稳高斯过程,其方差为 $\sigma_c^2+\sigma_n^2$。设记录信号舰船低频连续谱噪声功率与低频背景噪声功率之比 $\beta=\sigma_c^2/\sigma_n^2$。

对于直接低频线谱检测情况,信号高度 H 是正弦信号功率 S 和背景噪声功率 σ_n^2 之比。

而我们看到的直接低频线谱高度为正弦信号功率 S 相对于舰船低频连续谱噪声功率 σ_c^2 和背景噪声功率 σ_n^2 之和,因此 $S/\sigma_n^2=(1+\beta)S/(\sigma_c^2+\sigma_n^2)$,信号高度随 β 几乎线性均匀下降,信噪比下降 10 dB,信号高度也下降 10 dB。若 6 dB 是最小可检测的高度,由线谱跳出连续谱信号高度为 10 dB,$\beta=10$ dB,$H=10\lg(1\ dB+\beta)+10\ \text{dB}=20.4$ dB,可知允许 β 再降 $\Delta\beta=\beta-\beta'=20.4\ \text{dB}-6\ \text{dB}=14.4$ dB,对应的 $\beta'=10\ \text{dB}-14.4\ \text{dB}=-4.4$ dB。调制谱中比例因子 α^2 与信噪比 β 的关系见表 3-1。

表 3-1 调制谱中比例因子 α^2 与信噪比 β 的关系

信噪比 β/dB	比例因子 α^2/dB	信噪比 β/dB	比例因子 α^2/dB
30	−0.008 7	2	−4.248 9
20	−0.086 4	1	−5.078 0
10	−0.827 9	0	−6.020 6
9	−1.029 9	−1	−7.078 0
8	−1.277 8	−2	−8.248 9
7	−1.580 2	−3	−9.528 7
6	−1.946 5	−4	−10.910 8
5	−2.386 6	−5	−12.386 6
4	−2.910 8	−6	−13.946 5
3	−3.528 7	−7	−15.580 2

对于调制谱情况则不同,信号高度 H 与比例因子 α^2 成正比。大信噪比时随信噪比下降得很慢;小信噪比下,信号高度随着信噪比下降而平方下降。若最小可检测信噪比为 6 dB,线谱跳出连续谱信号高度 H 为 10 dB,则允许再下降 4 dB。设信噪比 β 为 10 dB 时,$\alpha^2=-0.827\ 9$ dB,允许降为 $\alpha^2=-4.827$ dB,对应的 $\beta'=1$ dB,$\Delta\beta=\beta-\beta'=9$ dB。

因此,在相同的信噪比下,直接线谱检测优于调制谱检测。大量海试数据分析结果显示了船噪声在几赫兹到几十赫兹频段内有着很强的低频线谱,这些线谱和螺旋桨的工作密切相关,若能把这一频段的线谱用于深海远程探测或目标识别,则有很大的利用价值,所以有必要进一步研究这一低频段的线谱,这对提高目标检测性能有很大好处。

3.1.2 舰船辐射噪声仿真

首先是线谱的选择。大量的试验数据分析显示,仅个别频率的谱线强度较高,这些频率与螺旋桨轴频及其叶片数、转速、航速相关,也与接收水听器的谐振频率相关。因此基于设定的轴频信息选择三条直接低频谱线:69 Hz、87 Hz、110 Hz。式(3-2)中参数 $f_m=120$ Hz,$f_0=200$ Hz,AR 模型阶数为 3 000,利用本研究仿真方法 25 次平均得到的功率谱图如图 3-2 所示,可见其与真实的辐射噪声非常接近,可用于舰船辐射噪声时间序列的产生。

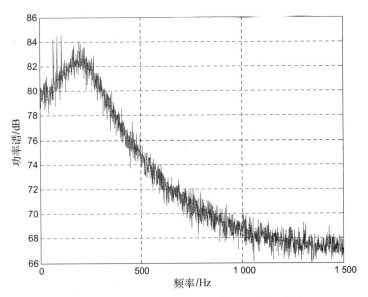

图 3-2 AR 模型估计舰船辐射噪声功率谱图

3.2 宽带技术和窄带技术

舰船辐射噪声的信息被列为极高的机密,尤其是潜艇和鱼雷的辐射噪声。潜艇和鱼雷的安静型措施在极大地降低甚至消除离散线谱、特别是高频线谱方面取得了成功。这意味着老式潜艇辐射噪声中 500 Hz 频率强度为 125 dB 的线谱,对于现代潜艇来说,该频率附近的线谱强度可能被降低到宽带连续谱之下。甚至谱级降低到无法检测的量级。除此之外,潜艇减震降噪技术已经在降低其宽带连续谱以及降低或消除高频成分方面取得成功,利用连续谱进行的宽带检测已然有限[14-19],这就要求被动声呐在更低的频率上工作,因此需要更长的拖曳线列阵以取得足够的增益检测余留的、难以消除的谱线。被动声呐利用宽带和窄带技术检测目标辐射噪声中的总噪声谱。

3.2.1 宽带能量积分的检测性能分析

考虑目标辐射信号的简化模型为宽带信号叠加高谱级比线谱的形式:

$$\left.\begin{array}{l}s_l(t)=A\cos(\omega_s t+\varphi)\\ s(t)=s_l(t)+s_c(t)\\ p_i(t)=s[t+\tau_i(\theta)]+n_i(t)\end{array}\right\} \quad (3-9)$$

式中: $A=10^{\frac{SLR}{20}}/\sqrt{B}$,为线谱信号幅度,与线谱谱级比和带通滤波器的带宽 B 有关; ω_s 为线谱 $s_l(t)$ 角频率; $s_c(t)$ 为宽带连续谱信号;根据远场目标平行波近似,线列阵各阵元接收信号为 $p_i(t)$, $i=1,2,\cdots,N$, N 为阵元数目; $\tau_i(\theta)$ 为第 i 个阵元接收信号中与方位 θ 对应的时间延迟, $n_i(t)$ 为第 i 个阵元接收海洋环境背景噪声。

根据宽带系统的输出信噪比定义[20],有

$$(S/N)_z = \frac{E_1(z) - E_0(z)}{\sigma_0(z)} \quad (3-10)$$

$$z = \frac{1}{N}\sum p_i^{\,2}(t), \quad i=1,2,\cdots,N \quad (3-11)$$

式(3-10)中：z 是我们构造的检测统计量，代表宽带能量积分，$E_1(z)$ 为输入为信号 $s_c(t)$ 和噪声 $n(t)$ 时，系统输出均值；$E_0(z)$，$\sigma_0(z)$ 为输入仅为噪声 $n(t)$ 时，系统输出均值、标准差。该式的物理意义是输出直流跳变与输出起伏的比值。对于带宽为 B 的宽带信号，等效时间相关半径为 $1/2B$，以 $1/2B$ 为采样周期，则相邻两个采样点之间互相独立，如果信号长度为 T，则此信号的独立样本个数为 $M = 2BT$。

设波束对准目标方位时，各阵元信号同相相加，噪声简单功率相加后的 M 点声压序列如下：

$$z\,|_{s+n}(n') = z\,|_s(n') + z\,|_n(n') \quad (3-12)$$

式中，$z\,|_s(n')$ 代表信号统计量，$z\,|_n(n')$ 代表噪声统计量，波束形成后，声压信号功率为 $N^2\sigma_s^2$，噪声功率为 $N\sigma_n^2$，σ_s^2 和 σ_n^2 为每个阵元接收的信号和噪声功率。当信号存在时系统输出均值如式(3-13)所示。只有背景噪声存在时系统输出均值和方差如式(3-14)和式(3-15)所示

$$E[z\,|_{s+n}] = N^2\sigma_s^2 + N\sigma_n^2 \quad (3-13)$$

$$E[z\,|_n] = N\sigma_n^2 \quad (3-14)$$

$$\sigma^2[z\,|_n] = \frac{2}{M^2}N^2\sigma_n^4 \quad (3-15)$$

输出信噪比为

$$\frac{E[z\,|_{s+n}] - E[z\,|_n]}{\sigma[z\,|_n]} = \frac{N^2\sigma_s^2}{\sqrt{\frac{2}{M}}N\sigma_n^2} = \sqrt{BT}\,N\frac{\sigma_s^2}{\sigma_n^2} \quad (3-16)$$

因此，宽带能量积分检测增益的对数表示为 $5\lg(BT) + 10\lg(N)$。

3.2.2 窄带线谱检测性能分析

与 3.2.1 节宽带连续谱检测不同，窄带线谱检测是在宽带背景里检测单频线谱信号的方法。将窄带滤波器的中心频率对准信号频率，只让信号分量通过而把大部分噪声滤除，可以使输出信噪比变大，其基本原理是匹配滤波器。滤波器的脉冲响应 $h(t) = z\,|_s^*(-t)$。检验统计量 $z(t)$ 可在波束形成后通过式(3-17)计算，式中 $z\,|_s(t)$ 仅包含线谱。滤波后的信号功率如式(3-18)所示，输出的噪声功率如式(3-19)所示，式中 $P_s(f)$ 为线谱 $s_l(t)$ 的谱密度，$\dfrac{N\sigma_n^2}{2B}$ 为噪声的双边功率谱密度，$H(f) = P_s^*(f)$ 为传输函数。

$$z(t) = z\,|_s^*(-t) * z(t) = \int_T z\,|_s^*(\tau - t)[z_s(\tau) + z_n(\tau)]\mathrm{d}\tau \quad (3-17)$$

$$W_s\,|_{t=0} = \left[\int_T z\,|_s^*(\tau)z_s(\tau)\mathrm{d}\tau\right]^2 = \left[\int_B |P_s(f)|^2\mathrm{d}f\right]^2 \quad (3-18)$$

$$W_n = \frac{N_0}{2}\int_B |P_s(f)|^2\mathrm{d}f \quad (3-19)$$

输出信噪比为

$$\frac{E(z\mid_{s+n})-E(z\mid_n)}{\sigma(z\mid_n)}=\frac{W_s}{W_n}=\frac{\int_B\mid P_s(f)\mid^2\mathrm{d}f}{\dfrac{N\sigma_n^2}{2B}}=\frac{2N^2\sigma_s^2BT}{N\sigma_n^2} \quad (3-20)$$

输入信噪比 SNR 为 $\dfrac{\sigma_s^2}{\sigma_n^2}$，系统增益用对数表示为 $10\lg(2BT)+10\lg N$。

3.2.3 线谱检测优于常规能量积分检测的临界谱级比

在高斯噪声背景中检测单频信号，线谱检测是有效的检测方法。但线谱频带未知，总能量有限时，优于宽带能量积分检测是有条件的。下面讨论线谱检测满足何种谱级比下，融合算法才优于宽带能量积分检测。

假设目标辐射噪声为线谱叠加宽带连续谱，线谱谱级 SLR 为 x（dB），即线谱高于连续谱 x，临界谱级定义为宽带能量积分和窄带线谱检测性能相同时的线谱谱级。根据 3.2.1 节和 3.1.2 节结论，令两种检测方法的输出信噪比相等，式（3-21）中线谱信号为 $s_l(t)=A\cos(\omega_s t+\varphi)$。对宽带连续谱信号 $s_c(t)$ 的信噪比 SNR，线谱成分信噪比 SNR_l、线谱谱级 SLR 与连续谱成分信噪比 SNR 的关系如式（3-21）所示，式中 B 为系统带宽，函数 var 代表功率，宽带连续谱信噪比定义为 $\text{SNR}=10\lg\dfrac{\text{var}[s_c(t)]}{\text{var}[n(t)]}$。

宽带检测算法的输入信噪比为 $10\lg\dfrac{\text{var}[s_c(t)+s_l(t)]}{\text{var}[n(t)]}$，根据式（3-21）求得为 $10\lg(10^{\frac{\text{SNR}}{10}}+10^{\frac{\text{SLR}+\text{SNR}}{10}-\lg B})$。线谱检测算法的输入信噪比为 $\text{SNR}\_l=\text{SLR}+\text{SNR}-10\lg B$

$$\text{SLR}=10\lg\frac{\text{var}[s_l(t)]B}{\text{var}[s_c(t)]}=\text{SNR}\_l-\text{SNR}+10\lg B \quad (3-21)$$

式（3-22）左右两边分别为宽带检测算法和线谱检测算法的输出信噪比，令其相等，可以解得临界谱级比 SLR_0

$$10\lg(10^{\frac{\text{SNR}}{10}}+10^{\frac{\text{SLR}_0+\text{SNR}}{10}-\lg B})+5\lg(BT)+10\lg N=\text{SNR}\_l+10\lg(2BT)+10\lg N$$
$$(3-22)$$

ω_s 频带的临界谱级比 $x>\text{SLR}_0$，分频带分方位区间波束域统计提取方法以窄带已知线谱检测为基础，因此要比常规能量积分得检测性能好，可以通过仿真和实验数据验证。

3.2.4 检测性能仿真

为了验证宽带能量积分和窄带线谱提取算法的检测性能。首先假设目标只有线谱信号，频率为 69 Hz。阵元数为 32，阵元间距为 8 m。表 3-2 列举了两种方法中系统增益随积分时间、带宽和输入信噪比的关系。其中常规能量积分和窄带线谱检测理论增益分别根据 $5\lg(BT)+10\lg N$ 和 $10\lg(2BT)+10\lg N$ 计算。仿真增益计算根据式（3-10）计算。图 3-3 显示了当积分时间设为 1 s，输入信噪比分别为 -2 dB，1 dB，3 dB 时，检测增益随带宽的变化规律：宽带能量积分的仿真值和理论值为下方曲线所示，窄带线谱检测方法的仿真值和理论值为上方曲线所示。图 3-4 显示了当带宽设为 190 Hz 时，不同的输入信噪比情况下,处理增益与积分时间的关系。表 3-2、图 3-3 和图 3-4 表明仿真结果与理论计算相吻合。

表 3-2 宽带能量积分和窄带线谱检测的性能

输入信噪比/dB	带宽/Hz	积分时间/s	宽带理论增益/dB	宽带仿真增益/dB	窄带理论增益/dB	窄带仿真增益/dB
−5	190	0.5	24.9	24.94	37.4	37.83
−5	190	1	26.4	26.44	40.4	40.8
−5	140	0.5	24.2	24.27	36.4	36.51
−5	140	1	25.9	25.7	39.1	39.5
−5	110	0.5	23.5	23.75	34.2	35.46
−5	110	1	25.4	25.2	38.2	38.4
−2	190	0.5	25.1	24.9	38.1	37.8
−2	190	1	24.9	27.9	43.1	43.8
−2	140	0.5	24.5	24.2	35.9	36.5
−2	140	1	27.4	27.2	42.4	42.5
−2	110	0.5	23.6	23.7	34.9	35.4
−2	110	1	26.6	26.7	40.9	41.4
1	190	0.5	24.6	24.9	38	37.8
1	190	1	26.5	26.4	41.1	40.8
1	140	0.5	24.4	24.2	37.1	37.5
1	140	1	25.7	25.7	39.9	39.5
1	110	0.5	23.9	23.7	34.9	35.4
1	110	1	25.2	25.2	37.9	38.4

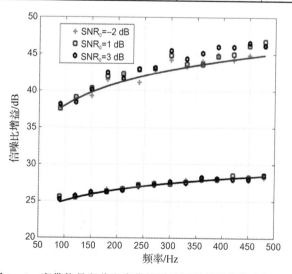

图 3-3 宽带能量积分和窄带线谱检测增益随着带宽的变化

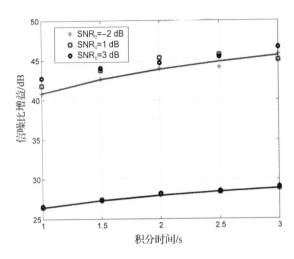

图 3-4 宽带能量积分和窄带线谱检测增益随积分时间的变化

其次仿真当目标是线谱和宽带连续谱情形,阵列参数同上,积分时间 1 s,带宽 190 Hz,线谱检测算法记为 LD,宽带检测算法记为 WD。宽带连续谱信噪比 SNR 保持为 －26 dB 不变,线谱谱级 SLR 从 1 dB 变化到 20 dB,从图 3-5 可见,随着线谱谱级的增加,其输入信噪比从 －47 dB 线性递增到 －27 dB。

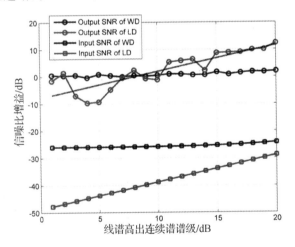

图 3-5 输出信噪比随线谱谱级的变化

其输入信噪比从 －25.9 dB 缓慢增加到 －24 dB,基本保持不变。线谱检测算法输出信噪比随线谱谱级的增加而增加,增益近似为 40 dB。宽带检测的输出信噪比为增益近似为 26 dB,与理论分析相符。

下面研究临界谱级 SLR_0 随滤波带宽和积分时间的变化规律。当宽带连续谱信噪比不变,为 －30 dB,积分时间为 1 s,带通滤波的通频带由 90 Hz 变化到 490 Hz 时,由图 3-6 实线所示可见,宽带检测的输出信噪比随着带宽的增加而增加,当线谱谱级比较低时基本不变,而后随线谱谱级的增加而显著增大。线谱检测的输出信噪比如图3-6虚线所示,其随线谱谱级的增加而增加,但不随带宽变化,图中交点表示两种检测算法输出信噪比相等时所需的线谱临界谱级,可见所需临界谱级随着滤波带宽的增加而增加。

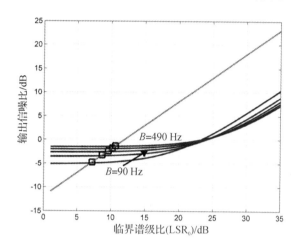

图3-6 临界谱级 SLR_0 随滤波带宽的变化

当宽带连续谱输入信噪比不变,为 -30 dB,滤波带宽为 190 Hz,积分时间从 1 s 变化到 10 s 时,图3-7 实线为宽带检测的输出信噪比,当低线谱谱级较时基本不变,而随积分时间的增加而增加,在线谱谱级高于 20 dB 后,随线谱谱级的增加而显著增加。图3-7 中虚线为线谱检测输出信噪比,可见输出信噪比随线谱谱级增加而增加。临界谱级随积分时间增加而下降。

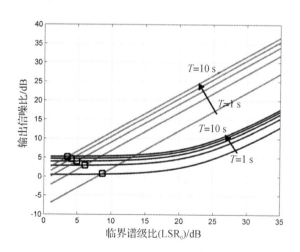

图3-7 临界谱级 SLR_0 随积分时间的变化

分别利用高频段和低频段进行宽带检测,可见高频段目标辐射噪声由于采用减震降噪技术声源级比低频段下降的多,海洋环境噪声相当于 2 级海况 SS2,噪声级[20]按每倍频程 6 dB 衰减。频率变化时指向性指数保持不变,即 $DI=10\lg(32)=15$ dB。系统在工作方位上的性能由表 3-3 给出。其中的距离是根据球面扩展加吸收损失经验值计算得到的结果。

表 3-3 宽带检测和窄带检测性能比较

威胁目标	窄带线谱检测系统性能	宽带检测系统性能	
	线谱	宽带连续谱	宽带连续谱
频率/Hz	80	1 000~2 000	0~1 000
SL/dB	130	100	110
NL/dB	80	75	80
DI/dB	15	15	15
B/Hz	1 000	1 000	1 000
T/s	10	10	10
PL/dB	89	50.5	55.5
R/km	28	<1	<1

由表 3-3 可知,高频段的宽带连续谱检测探测距离小于低频段检测,由于线谱谱级高,而且稳定存在,窄带检测系统增益高于宽带检测,因此在上述检测条件下,威胁目标能够有效识别,而且探测距离远高于宽带检测。

3.3 频率方差加权线谱检测算法及其改进算法

根据信息保留的观点,宽带信号分频带处理进行融合时,按各频带的信噪比进行加权是最优的[21-22]。因此,含有线谱的频带由于信噪比较高,相应的权值较大,这样由高信噪比的线谱获得的高性能方位谱得到体现。而在实际应用中,线谱频率未知,各频带的信噪比也未知,因而,常规能量检测采用各频带的权相同,而由于线谱能量在宽带能量中所占比例很小,所形成的高性能空间谱被其他低信噪比下频带形成的空间谱淹没。文献[23-26]提出了瞬时频率的概念及瞬时频率方差检测器(Variance of Instant Frequency Detector,VIFD),它是一种针对主动声呐 CW 脉冲回波信号的检测器。对于线谱,瞬时频率方差的估计值可作为检验统计量用于信号检测。文献[27-28]基于 VIFD 思想,在传统的 CBF 线谱检测器的基础上,提出 CBF 频率方差检测系统,即用频率域峰值频率方差对 CBF 输出方位谱进行加权而提高线谱信号的检测能力。

3.3.1 频率方差加权线谱检测器

假定信号为宽带连续谱信号叠加单频信号形式,设信号的幅度为 A,载频为 f_0,带限白噪声的功率谱密度为 N,经过带宽为 B、中心频率为 f_1 的滤波器,信号加噪声的解析形式为

$$x(t) = s(t) + n(t) \tag{3-23}$$

其功率谱为

$$S_{xx}(f) = S_{ss}(f) + S_{nn}(f)$$
$$= P\delta(f - f_0) + N\left[u\left(f - f_1 + \frac{B}{2}\right) - u\left(f + f_1 + \frac{B}{2}\right)\right] \quad (3-24)$$

式中,P 为信号频率,$\delta(f)$ 和 $u(f)$ 分别是单位冲积函数和单位阶跃函数。信号加噪声谱的中心频率 $\bar{f}$ 和总功率 E 分别为

$$\bar{f} = \frac{1}{E}\int_0^\infty f S_{xx}(f) df = \frac{1}{E}\left(Pf_0 + N\int_{f_1 - \frac{B}{2}}^{f_1 + \frac{B}{2}} f df\right)$$
$$= \frac{1}{E}(Pf_0 + NBf_1) \quad (3-25)$$

$$E = \int_0^\infty S_{xx}(f) df = P + N\int_{f_1 - \frac{B}{2}}^{f_1 + \frac{B}{2}} df$$
$$= P + NB \quad (3-26)$$

窄带过程的有效带宽为

$$\bar{B}^2 = \frac{1}{E}(f - \bar{f})^2 S_{xx}(f) df = \frac{1}{E}\int_0^\infty f^2 S_{xx}(f) df - \bar{f}^2$$
$$= \frac{1}{E}\left(Pf_0^2 + N\int_{f_1 - \frac{B}{2}}^{f_1 + \frac{B}{2}} f^2 df\right) - \frac{1}{E^2}(Pf_0 + NBf_1)^2$$
$$= \frac{1}{E^2}\left[(P + BN)\left[Pf_0^2 + NBPf_1^2 + \frac{1}{12}B^3 N\right] - (Pf_0 + NBf_1)^2\right]$$
$$= \frac{1}{E^2}[PBN(f_0 - f_1)^2] + \frac{1}{12E}B^3 N$$
$$= \frac{PBN}{(P + BN)^2}(f_0 - f_1)^2 + \frac{B^3 N}{12(P + BN)}$$
$$= \frac{q}{(q+1)^2}(f_0 - f_1)^2 + \frac{B^2}{12(q+1)} \quad (3-27)$$

式中,$q = \dfrac{P}{BN}$ 为信噪比。文献[29]给出窄带过程的频谱有效带宽和瞬时频率方差满足

$$\sigma_f^2 \approx \bar{B}^2 \quad (3-28)$$

所以有

$$\sigma_f^2 = \frac{q}{(q+1)^2}(f_0 - f_1)^2 + \frac{B^2}{12(q+1)} \quad (3-29)$$

由式(3-29)可得以下结论:信噪比增大,瞬时频率方差单调减小;瞬时频率方差在 $q \gg 1$ 时和信噪比成反比;滤波器带宽 B 越大,瞬时频率方差越大。文献[22]、文献[24]、文献[29]进一步证明了瞬时频率方差随着线谱数量、频差增大而增大。

3.3.2 算法基本介绍

由 3.1.1 节舰船辐射噪声线谱能量集中而且稳定的特性和 3.2 节中宽带连续谱处理和窄带线谱处理系统增益的分析,得出高强度稳定低频线谱检测可以提高常规被动声呐目标

探测距离。但目标辐射信号中的线谱频率是未知的，因此为了利用最大输出信噪比检测信号，需要对频带内的每个频率单元进行处理，每个频率单元对应一组波束输出，需要对每个频率单元的结果循环分析判断才能得到目标的正确检测，这在工程中是不可取的。将 3.3.1 节介绍的瞬时频率方差性质扩展到波束域，通过统计方位谱峰值对应的频率序列方差，来简化结果输出的宽带融合算法。CBF 频率方差线谱检测器的处理步骤如下，选用接收信号的低频频段。

(1) 对基阵各阵元接收信号 $x(t)$ 进行低通滤波和降采样处理，其中 $x(t)$ 为快拍样本组成的列向量，有

$$x(t) = [x_1(t) \quad x_2(t) \quad \cdots \quad x_N(t)]^T \quad (3-30)$$

(2) 经 FFT 变换到频域 $X(f)$，$X(f_i)$ 为频域快拍列向量。对于均匀直线阵，频域 CBF 得到功率谱 $P(f_i, \theta)$。

$$X(f) = [X(f_1) \quad X(f_2) \quad \cdots \quad X(f_M)] \quad (3-31)$$

$$P(f_i, \theta) = E\{a^H(f_i, \theta) R_{CSDM}(f_i) a(f_i, \theta)\} \quad (3-32)$$

阵列方向向量 $a(f_i, \theta)$ 和互谱密度 $R_{CSDM}(f_i)$ 分别为

$$a^T(f_i, \theta) = [1, e^{j\frac{2\pi d f_i \cdot 1}{c} \cdot \cos\theta} \quad e^{j\frac{2\pi d f_i \cdot 2}{c} \cdot \cos\theta} \quad \cdots \quad e^{j\frac{2\pi d f_i \cdot (N-1)}{c} \cdot \cos\theta}] \quad (3-33)$$

$$R_{CSDM}(f_i) = X(f_i) X^H(f_i) \quad (3-34)$$

(3) 按下式对功率谱 $P(f_i, \theta)$ 进行宽带能量积分，得到方位谱 $P(\theta)$：

$$P(\theta) = \sum_{i=1}^{M} P(f_i, \theta) \quad (3-35)$$

做频率域峰选，得到 θ 方位的峰值频率 $f_n(\theta)$。(4) 在设定的统计时间 T 内，更新接收信号，重复进行步骤 (1) ~ (3)。统计 T 个频率峰值序列 $f_n(\theta)$ 的方差，$n=1,2,\cdots,T$，记作 δ_θ^2。

(5) 用下式对方位谱 $P(\theta)$ 加权作为一次波束输出，权值为方位的频率峰值方差倒数：

$$P_{out}(\theta) = P(\theta) \cdot \frac{1}{\delta_\theta^2} \quad (3-36)$$

重复步骤 (1) ~ (4) 获得方位历程图 (BTR)。

因此，当线谱目标方位估计的方位谱瞬时频率方差很小时，每帧频率估计结果均接近于线谱频率真值，即 δ_θ^2 小，由式 (3-36) 可以看出，目标真实方位的波束输出值将远远大于其他方位的波束输出值。

3.3.3 模拟仿真

假定水平长线阵阵元数为 32，间距为 8 m，目标辐射信号包含线谱成分，线谱谱级比为 13 dB，相对于水平长线阵的方位为 70°。视野中还有位于 40°的宽带白噪声强干扰。信干比为 −11.7 dB。滤波器带宽为 40~100 Hz。海洋环境噪声为 −30 dB。采用宽带能量积分和频率方差加权线谱检测方法，方位历程检测结果如图 3-8 和图 3-9 所示。可见，频率方差加权方法可以实现宽带强干扰下弱线谱目标的检测。

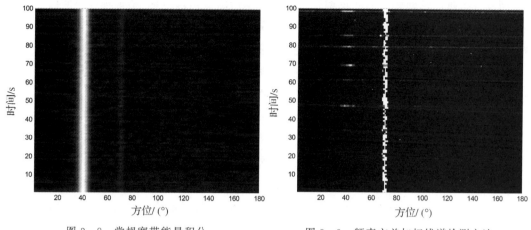

图 3-8 常规宽带能量积分　　　　　图 3-9 频率方差加权线谱检测方法

降低信噪比到海洋环境噪声为 -35 dB 时,采用宽带能量积分和频率方差加权方法的方位历程检测结果如图 3-10 和图 3-11 所示。随着信噪比的下降,基于频率方差加权的检测方法无法检测到弱线谱目标。

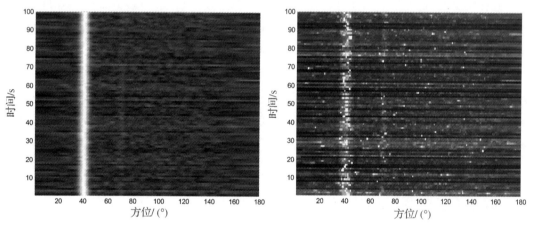

图 3-10 信噪比为 -35 dB 时的常规能量积分检测　　图 3-11 信噪比为 -35 dB 时的频率方差加权线谱检测方法

3.4 Alfa-Beta 滤波修正的频率方差加权线谱检测器

文献[29-30]和 3.3.1 节指出单频信号的瞬时频率方差与信号的绝对幅度无关,只是信噪比的函数,信噪比下降时,瞬时频率方差变大,因此常规的 CBF 频率方差加权宽带融合检测方法都是在信噪比相对较高时性能良好。针对频率稳定性算法,已有一些方法对频率序列进行后置数据处理,例如多项式拟合[31]、Kalman 滤波[32]、常规 Alpha-Beta 滤波器等。多项式拟合法系数恒定而常规 Alpha-Beta 方法增益矩阵恒定[33],估计的频率序列均值误差大;Kalman 滤波极易受野值影响[34],而且先验知识未知时,拟合后的序列和真实值误差仍然很大,从而得到的频率方差依旧很大。本节根据迹迹相关原理,基于统计时间内线谱信噪比足够大而且稳定的假设,对每个方位的波束谱多次统计结果进行求和,获得功率谱-频率曲线,并作为 Alfa – Beta 滤波器的增益选取依据。取得大功率谱值的频率观测值对应的增益大,在递推过程中新息所占的权重大;取得小功率谱的频率观测值对应的增益小,在递推过程中预测所占的权重大,从而对频率序列进行拟合进行频率方差修正。

3.4.1 算法基本原理

由 3.3.2 节中频率方差检测的基本原理可知,步骤(4)中在对某方位下的谱峰值频率统计方差时,信噪比下降,统计方差增大,会导致目标检测性能下降。根据人眼的视觉特性,由文献[35]中 3.2 节目标运动估计的方法,得到弱声呐作用距离是 20 km,目标以最大航速 30 kn 从第 i 号波束主极大方向以最近距离运动到 $i+2$ 波束主极大方向需要 45 s。声呐行扫描周期小于 0.5 s。因此在求取峰值序列时,设定统计时间 $T<100$ s,可以认为目标方位变化很慢,在一个波束角度内。

3.3.2 节中步骤(4)得到的每个方位的频率峰值序列 $f_n(\theta)$,$n=1,2,\cdots,T$,在信噪比下降时随机性变大,需要对 $f_n(\theta)$ 进行拟合。根据目标(注意包含线谱)方位,功率谱输出最大值对应的频带基本一致,而其他方位功率谱输出最大值对应的频带随机的特点,假如目标方位为 θ_0,功率谱 T 次统计的结果中,每次的频率估计结果 $f_n(\theta)$ 偏离真值 f_0 的方差大,但 T 次之和的结果是 f_0,而其他方位 T 次统计叠加的功率谱最大值估计的频率是随机的。为此对于每个预测方位 θ,求 T 次功率谱之和 $\mathrm{sum}(f)$,得到 κ-f 归一化曲线,作为 Alfa – Beta 滤波器的自适应增益,对该方位的频率峰值序列进行拟合。3.3.2 节中步骤(3)记录功率谱峰值频率的同时将每个预成方位 θ 下对 $P(f,\theta)$ 进行累加 T 次。

$$\mathrm{sum}(f) = \mathrm{sum}(f) + \sum_{n=1}^{T} P(f,\theta), \quad n=1,2,\cdots,T \tag{3-37}$$

归一化后得到 κ-f 归一化曲线。

由文献[36]第 2.1 节得到 Alfa – Beta 滤波器的递推方程进行时间更新,得

$$S_{pn} = \boldsymbol{A} \cdot \hat{S}_{n-1} \tag{3-38}$$

进行测量值更新,得

$$\hat{S}_n = S_{pn} + \boldsymbol{\kappa}(Z_{mn} - H \cdot S_{pn}) \tag{3-39}$$

式中,$\boldsymbol{\kappa} = \begin{bmatrix} \alpha & \dfrac{\beta}{\Delta T} \end{bmatrix}^T$,$\beta = 2(2-\alpha) - 4\sqrt{1-\alpha}$。

图 3-12 描述了常规 Alfa – Beta 滤波的原理,$\hat{S}_{n-1}$ 是 $n-1$ 时刻状态的估计值,S_{pn} 是 n 时刻状态的预测值,由式(3-38)预测得到,e_{mn} 是 n 时刻的观测值 Z_{mn} 和预测值 S_{pn} 之差,称作新息。α 为递推增益,决定新息对 n 时刻状态估计的影响。Alfa – Beta 滤波器是 Kalman 滤波的稳态形式,故是恒增益的。

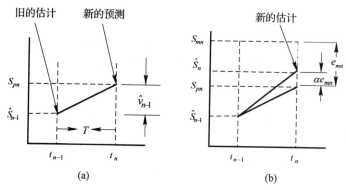

图 3-12 Alfa-Beta 滤波原理
(a)预测过程；(b)更新过程

当观测向量是 1 维的瞬时频率序列时，式(3-38)和式(3-39)调整为

$$f_{pn} = \hat{f}_{n-1} \tag{3-40}$$

$$\hat{f}_n = f_{pn} + \kappa_f [f(\theta) - f_{pn}] \tag{3-41}$$

设功率谱峰值频率估计初值 $\hat{f}_1$ 取 κ-f 归一化曲线中的最大值对应的频率。由式(3-40)和式(3-41)可知，$\theta = \theta_0$ 时，最大值对应频率 f_0 为目标线谱频率。κ_{f_0} 大而其他 κ_f 小，当观测值 $f_{mn}(\theta_0)$ 偏离 f_0 时，由于 κ_f 小，所以新息的影响很小，预测的影响较大，最终 $\hat{f}_n$ 拟合在 f_0 附近。而当 $\theta \neq \theta_0$ 时，κ-f 归一化曲线的分布比较均匀，经滤波后 $\hat{f}_n$ 和 $f_{mn}(\theta)$ 接近。这样，用拟合后的 $\hat{f}_n$ 求取 3.3.2 节步骤(4)所需要的方差，便可以改善显示效果。修改后的算法流程图如图 3-13 所示。

3.4.2 模拟仿真

假设基阵阵元数为 32，阵间距为 8 m，两目标相对于水平长线阵方位为 60°和 100°，一宽带干扰方位为 130°，目标 1 辐射信号包括高斯带限白噪声和线谱成分，滤波器带宽为 10～200 Hz，线谱频率为 60 Hz。目标 2 辐射信号只包括 100 Hz 线谱，线谱谱级与白噪声平均谱级比为 13 dB。

目标辐射噪声和海洋背景噪声信噪比为 -25 dB。宽带干扰和海洋背景噪声信噪比为 -20 dB。则基阵接收信号的线谱谱级比背景噪声谱级低 12 dB，比宽带干扰谱级高 8 dB。

图 3-14 是计算得到的线谱方位为 100°时和非线谱方位为 150°的 κ-f 归一化曲线。可见线谱方位时，当观测的频率序列偏离 100 Hz，增益 κ 小，式(3-39)中新息所占的比例低，估计值主要由预测值决定，这就要求初始值选取准确，3.4.1 节中对初值的处理也是合理的。而 150°方位下归一化曲线决定了递推公式中新息的比例较大，估计值主要由观测值决定。

图 3-15 为线谱方位为 100°时未拟合和功率谱峰值对应的频率序列。图 3-16 是对图 3-15 进行滤波后的估计结果，可见，在后置处理后线谱方位下的频率序列的方差变小，由

此估计结果计算得到的方差权值提取效果更好。

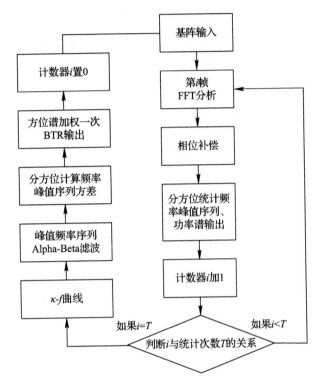

图 3-13 自适应 Alpha-Beta 后置拟合线谱检测算法一次波束输出流程图

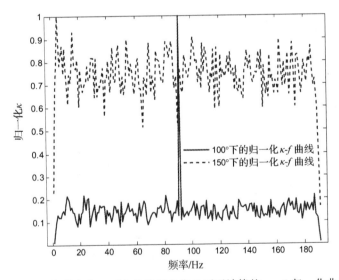

图 3-14 线谱方位 100°和非线谱方位 150°下计算的 κ-f 归一化曲线

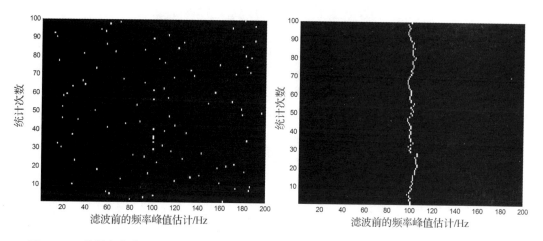

图 3-15　线谱方位为 100°下未拟合的功率谱峰值对应频率序列

图 3-16　线谱方位为 100°下拟合后的功率谱峰值对应频率序列

目标辐射噪声和海洋背景噪声信噪比降为 -30 dB。宽带干扰和海洋背景噪声信噪比为 -25 dB,则基阵接收信号的线谱谱级比背景噪声谱级低 17 dB,比宽带干扰谱级高 8 dB。统计时间为 100 s,一次处理 1s 数据,方位历程时间为 5 000 s。分别采用常规能量积分、频率方差线谱检测算法、常规恒增益 Alpha-Beta 后置滤波算法和自适应 Alpha-Beta 后置滤波算法。仿真结果如图 3-17～图 3-21 所示。

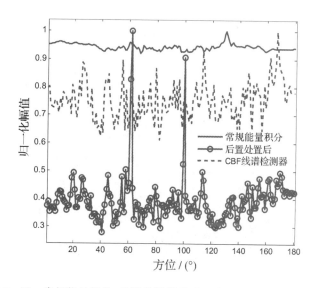

图 3-17　常规能量积分、线谱检测器及后置处理后的一次波束输出

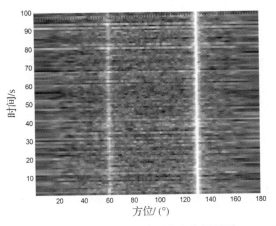

图 3-18 常规能量检测的方位历程图

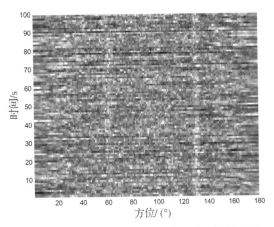

图 3-19 未经后置处理的线谱检测方位历程图

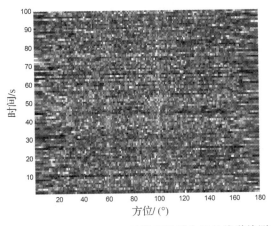

图 3-20 常规恒增益 Alpha-Beta 滤波后置拟合后的线谱检测方位历程图

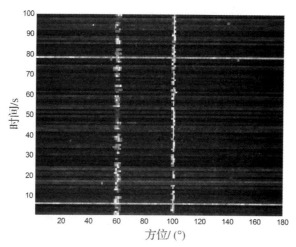

图 3-21 自适应增益 Alpha-Beta 滤波后置拟合后的线谱检测方位历程图

从图 3-17 中统计后一次方位历程图(BTR)结果可以看出,宽带干扰存在时,常规能量积分只能区分出 130°的宽带目标和 60°的宽带加线谱目标。100°的线谱信号由于信噪比为 -39.9 dB[13-10lg(190)-30],因此被宽带功率谱所淹没;采用频率方差线谱检测器时由于各方位下各次的频率序列的统计方差相近,对方位谱输出加权后丢失目标;采用后置滤波后的线谱检测器能实现所有含线谱目标(60 Hz,100 Hz)的检测。

图 3-18 是对图 3-17 中常规能量积分进行 5 000 s 的 BTR 结果,可以看出,丢失了 100 Hz 的弱线谱目标。图 3-19 是图 3-17 中常规频率方差线谱检测器 5 000 s 的 BTR 结果,可以看出,方差的随机性使目标丢失。

图 3-20 是采用恒增益 Alpha-Beta 滤波线谱检测算法进行 5 000 s 的 BTR 结果,Kalman 滤波的稳态情况即恒增益下 Alpha-Beta 滤波并未改善由信噪比降低后方差变大导致弱线谱目标丢失的检测结果。图 3-21 是图 3-17 中自适应增益 Alpha-Beta 后置拟合线谱检测算法进行 5 000 s 的 BTR 结果,可以正确判断 60°和 100°的线谱目标。

3.4.3 实验数据处理

本次海上试验数据为 2011 年 11 月在某海域进行目标检测和方位估计试验所得。试验采用 32 元水平拖曳线列阵接收信号,相邻阵元间隔为 8 m,拖曳线列阵的端射方向为 0°。水下运动目标相对于长线阵在 100°左右,150°附近有一强线谱目标,分别采用常规宽带能量积分和 3.4.1 节介绍的自适应 Alfa-Beta 滤波修正的频率方差加权线谱检测方法。一次方位历程估计结果如图 3-22 所示,可以看出后置处理后的方位谱图在 100°能明显发现目标,而且干扰背景被压低。

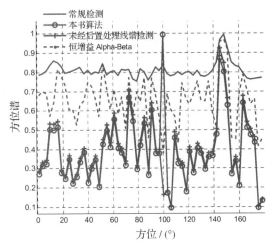

图 3-22 用 4 种方法所得的方位谱图

3.5 线谱方位稳定性目标检测技术及其改进算法

3.5.1 线谱方位稳定性目标检测器

线谱方位稳定性算法基于两个假设,第一是线谱信噪比足够大,使得该线谱能够稳定检测目标,第二是在统计时间内,目标方位变化很慢。算法基本原理:设频率单元共 M 个,记为 $f_i, i=1,2,\cdots,M$,波束预成方位 L 个,记为 $\theta_j, j=1,2,\cdots,L$。首先对接收的基元信号进行 FFT 分析和相位补偿,对每个频率单元进行波束形成,各频率单元的波束输出记为 $P(f_i, \theta_j)$,其中 $i=1,2,\cdots,M, j=1,2,\cdots,L$,为 $M \times L$ 维矩阵,对其每行求最大值,则最大值所在的位置对应着该频率单元的方位估计,记作 $\theta(f_i), i=1,2,\cdots,M$,对于噪声对应的频率单元,$\theta(f_i)$ 是随机的,对于目标线谱对应的频率单元,$\theta(f_i)$ 应当是目标方位,是稳定的。

上述信号处理过程重复 N 次,即连续处理 N 帧信号后再进行下一步处理,则每个频率单元对应 N 个最大值所在方位,记作 $\theta_k(f_i), i=1,2,\cdots,M, k=1,2,\cdots,N$,分别计算每个频率单元的方位方差,记作 $\delta_\theta(f_i), i=1,2,\cdots,M$。由于噪声是随机的,则噪声对应频率单元的方位是随机的,方差较大,而对于目标线谱对应的频率单元的波束输出最大值对应的方位应当是基本不变的,方差很小。

最后对每一个方位的输出值进行统计计算,作为最后的波束输出。计算过程如下:首先将最后的波束输出置 0,即 $R_{out}(\theta_j)=0, j=1,2,\cdots,L$,所有频率单元的所有方位测量值均参与计算,当某一频率单元的某一帧方位估计为 $\theta_k(f_i)$ 时,则在 $\theta_k(f_i)$ 方位对应值上累加该频率单元对应的方差的倒数,即

$$R_{\text{out}}[\theta_k(f_i)] = R_{\text{out}}[\theta_k(f_i)] + 1/\delta_\theta(f_i) \tag{3-42}$$

以此进行计算,直到每个频率单元每一帧的方位估计结果均参与运算,最后得到每个方位的方差倒数累计值,作为最终的波束输出。

3.5.2 波束优化的线谱方位稳定性目标检测器

2.2.1 节介绍了二阶锥优化波束形成算法的基本原理,并通过 2.3 节实验仿真得出波束旁瓣的降低势必带来主瓣的加宽,虽然降低了方位分辨率,但换来了对干扰的抑制能力。当存在同频干扰时,常规波束形成算法的方位谱图中的目标被强干扰的旁瓣淹没,而二阶锥优化算法较常规算法能更好地识别弱目标;当目标和干扰非同频时,目标频带的二阶锥优化算法压低了方位谱图旁瓣,更有利于检测目标。实际中接收信号往往是宽带的,可以对处理频带分别进行阵列流型校准,分频带计算波束优化权值和方位谱图。本小节研究目标辐射宽带连续谱叠加高强度稳定线谱情况下,分频带二阶锥优化算法以及波束优化的线谱方位稳定性算法处理性能。

3.5.2.1 分频带二阶锥优化算法

图 3-23 为分频带二阶锥优化算法的流程框图。假定各阵元接收信号所包含频率为 $f = f_1 \sim f_k$,目标辐射线谱信号只占其中一个频率单元 f_c,其他频率单元为背景噪声单元。分频带 SOCP 波束形成首先对各阵元接收信号进行 FFT 变换到频域。对每个频率单元,对于每个预成方位,按照 2.2.2 节估计阵列流型向量。用优化权值计算当前方位下的空间谱值。由于最优化权值的约束为二阶锥约束,阵列流型的估计精度将直接影响优化权值。文献[37]仅给出理想阵列流型下二阶锥优化方法的空间谱输出结果,在计算分频带优化权值时,并没有对每个预成方位进行二阶锥优化,而是统一选取目标方位处的最优化权值。随着信噪比的降低,相位的估计精度下降,而且宽带连续谱的存在也会影响对阵列流型的估计。

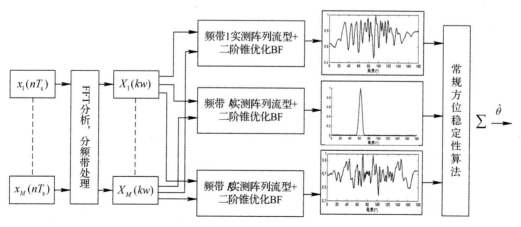

图 3-23 分频带二阶锥优化算法

3.5.2.2 模拟仿真

研究两同频相干目标下,分频带处理后线谱频带采用常规波束形成方法和二阶锥优化波束形成方法的性能。仿真条件:均匀线列阵阵元个数为 32,采样频率为 2 000,滤波器带宽为 40～100 Hz,方位为 70°和 120°,目标频率为 69 Hz,阵元间距为目标中心频率对应波长的一半。信噪比为 0 dB 时,目标线谱频带的方位谱图如图 3-24 所示,可见 SOC-MSL 功率谱图的旁瓣泄露更小,但是牺牲了主瓣的宽度,导致目标分辨力下降。而且,由第 2.3.1 节结论,扫描波束靠近端射方向时,由于主瓣变宽,SOC_MSL 为恒定旁瓣级约束,导致波束图的旁瓣升高,端射方向泄露严重,甚至超过常规波束形成。同时,最优化波束形成算法对信噪比也很敏感,信噪比降低时,线谱频带的相位一致性补偿下降,稳健性不如常规波束形成。

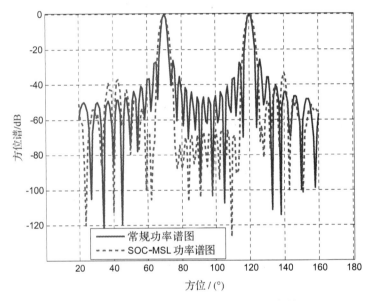

图 3-24　0 dB 下目标线谱频带的方位功率谱图

接下来研究宽带信号存在时,分频带处理后采用常规波束形成方法和二阶锥优化波束形成方法的性能。目标和干扰均为宽带信号叠加高强度线谱形式。仿真条件:均匀线列阵阵元个数为 32,采样频率为 2 000,滤波器带宽为 40～100 Hz,目标线谱频率为 69 Hz,谱级比为 18 dB,方向为 120°,强干扰方向为 70°。阵元间距取 69 Hz 对应波长的一半。信噪比从 0 变化到 -20 dB。分析目标线谱频带,由图 3-25 和图 3-26 可知,二阶锥优化方法的方位谱图较常规分频带波束形成能更清晰地检测出 120°的目标。由于最优化算法对信噪比比较敏感,随着信噪比的降低,目标线谱频带的二阶锥最优化检测结果甚至不如常规波束形成检测。所以,二阶锥优化的分频带检测方法只适用于信噪比较高的情况下,对约束阵列流型向量的依赖大,稳健性差。当存在宽带强干扰或相干干扰时,基于常规波束形成和二阶锥优化方位稳定性算法均失效。

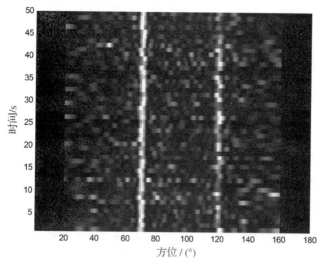

图 3-25　−20 dB 下 69 Hz 线谱频带常规波束形成的方位功率谱图

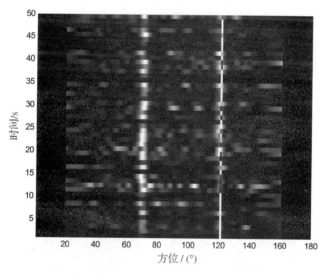

图 3-26　−20 dB 下 69 Hz 线谱频带 SOC_MSL 波束形成的方位功率谱图

3.5.3　改进的线谱方位稳定性目标检测器

在对实际数据处理的过程中发现,即使在输入信噪比很高的情况下,线谱对应单帧波束形成输出的最大值所在的方位与目标真实方位也有偏差,其主要由突发强干扰和噪声非平稳引起,在整个统计时间内不总是存在的,且目标所在方位对应的输出在整个波束输出中是较大的,但在统计时间内积分后的波束输出的最大值对应目标真实方位。

从上面的描述可以看到,当线谱每一帧处理的波束输出最大值并不都对应目标真实方位时,导致线谱估计方位方差变差,该方法性能下降。但是,当信噪比足够高时,在统计时间内的波束输出最大值对应方位与目标真实方位相同,且每帧目标方位对应的波束输出基本为较大值,即在所有波束输出中,其不为第一极大值,也有可能是第二或第三极大值。因此,对原算法的改进部分主要包括:一是将原方法对每帧波束输出求最大值改进为对每一帧波束输出按大小顺序排序求出前三个极大值;二是将统计方差的参考值由原先每帧估计方位的均值改进为统计积分后波束输出最大值对应的方位。图 3-27 列出了改进的基于方位稳定性目标检测算法的流程框图。

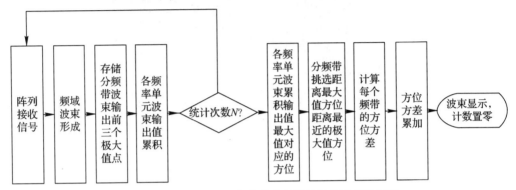

图 3-27 改进的基于方位稳定性的目标检测流程框图

下面给出方法改进前后的仿真结果。仿真条件为:阵间距为 8 m,32 元阵,目标为线谱信号加宽带连续谱信号,线谱频率为 69 Hz,目标方位为 70°,背景噪声为带通高斯白噪声,线谱高出连续谱的谱级比为 13 dB,信噪比为 -36 dB,处理带宽为 40~100 Hz。方位稳定性算法统计 10 次。连续处理 100 帧。

宽带能量积分处理的结果如图 3-28 所示,宽带能量积分方位历程图检测结果背景很高。基于常规方位稳定性方法的方位历程检测结果如图 3-29 所示,该方法可以有效实现目标的检测,同时背景噪声被压低。改进后基于方位稳定性的方位历程输出结果如图 3-30 所示,可见较宽带能量积分改进显著。

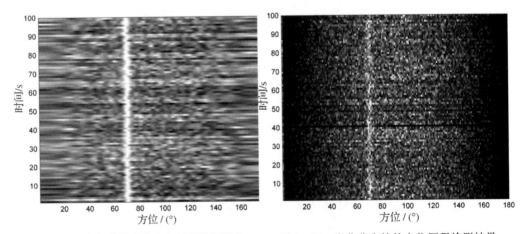

图 3-28 常规能量积分方位历程检测结果　　图 3-29 方位稳定性的方位历程检测结果

当信噪比继续降低到 -40 dB 时,图 3-31 的常规宽带能量积分方法基本丢失目标。由于线谱目标频带的方位统计方差接近噪声频带的统计方差,采用常规方位稳定性线谱检测方法也不能很好地实现检测,如图 3-32 所示。改进的方位历程检测结果效果较好,如图 3-33 所示。

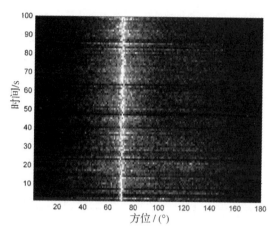

图 3-30 改进后基于方位稳定性的方位历程检测结果

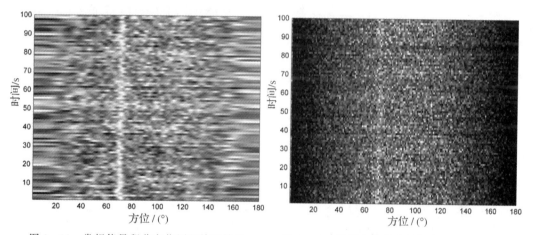

图 3-31 常规能量积分方位历程检测结果　　　图 3-32 常规方位稳定性方位历程检测结果

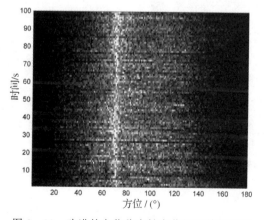

图 3-33 改进的方位稳定性方位历程检测结果

3.5.4 实验数据处理

在多干扰(宽带强干扰)背景下进行海试,阵型和 3.4.3 节设置相同,待检测对象为频率为 69 Hz 的水面线谱目标。其他目标与线谱同频的谱级均低于目标线谱的谱级。采样频率为 20 kHz,积分时间 $T=1$ s,一次方位历程统计 10 帧,为计算方便,采用降采样处理。图 3-34 是声呐视野目标跟踪结果,目标在跟踪过程中从 90°缓慢运动到 160°,除此之外,在 30°左右存在平台噪声,在 60°~90°存在缓慢运动的干扰 1,在 90°~110°有缓慢运动的干扰 2 及 150°向 120°运动的干扰 3,可见,目标基本被淹没。图 3-35 是采用方位稳定性算法处理的结果。图 3-36 是采用改进的方位稳定性算法处理的结果。图 3-37 和图 3-38 是对图 3-34 和图 3-35 中 700~1 140 s 时间内方位历程跟踪进行局部分析的结果,由于宽带强干扰目标的存在,常规能量检测方法丢失目标,而方位稳定算法也不能很好地检测。改进的方位稳定性算法较常规方位稳定性算法进一步压低了背景噪声,但是由于其没有充分利用时间累积,所以,改进的方位稳定算法也无法检测到弱线谱目标。

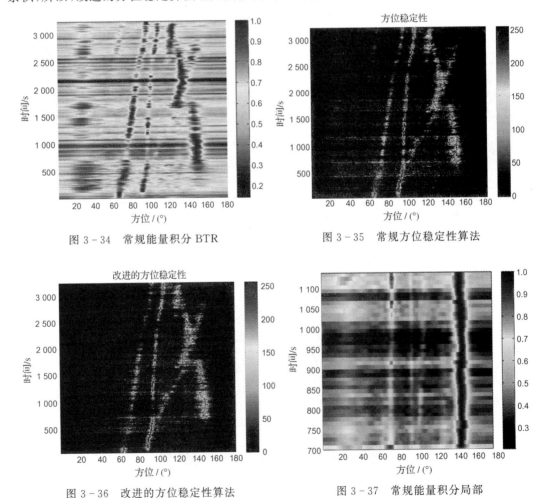

图 3-34 常规能量积分 BTR 　　图 3-35 常规方位稳定性算法

图 3-36 改进的方位稳定性算法 　　图 3-37 常规能量积分局部

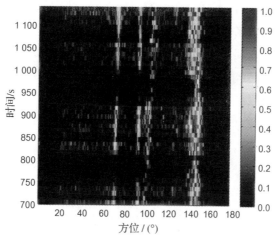

图 3-38 方位稳定性算法局部

3.6 分频带空间谱和波束域的输出直流跳变与起伏比值融合检测方法

前面基于线谱方位稳定性的方法适用于信噪比较高,即每一帧信号均能实现目标方位正确估计的情况,且输出一个结果即能实现目标检测。当线谱谱级相对于噪声降低时,由于单次的基于已知线谱处理无法实现目标检测,基于线谱方位稳定性的目标检测方法在低信噪比下失效。下面研究对各频率单元累积后的波束输出进行融合的处理方法。

3.6.1 分频带和波束域输出直流跳变与输出起伏比值特征提取

考虑辐射信号简化模型为宽带信号叠加单频线谱的形式:

$$\left.\begin{array}{l} s(t) = A\cos(\omega_s t + \varphi) + n(t) \\ x_i(t) = s[t + \tau_i(\theta)] + \text{nois}_i(t) \end{array}\right\} \quad (3-43)$$

式中,A 为线谱信号幅度,ω_s 为归一化频率,$n(t)$ 为宽带连续谱信号。线谱信号与宽带连续谱信号谱级比为 SLR=18 dB。设信号源方向为 60°,线谱频率为 100 Hz,经 N 基元线列阵按文献[38]分频带处理,得到每个频率单元的波束输出矩阵 $\boldsymbol{Q}$,其行为每个频带的波束输出,列为波束域输出。其中,$\{\theta_i \in \theta_1, \theta_2, \cdots, \theta_L\}$ 是所有可能信号源的方位集合,$\{f_j \in f_1, f_2, \cdots, f_M\}$ 是分频带的频点。

$$\boldsymbol{Q} = \begin{pmatrix} P(\theta_1, f_1) & P(\theta_2, f_1) & \cdots & P(\theta_{L-1}, f_1) & P(\theta_L, f_1) \\ P(\theta_1, f_2) & P(\theta_2, f_2) & \cdots & P(\theta_{L-1}, f_2) & P(\theta_L, f_2) \\ \vdots & \vdots & & \vdots & \vdots \\ P(\theta_1, f_{M-1}) & P(\theta_2, f_{M-1}) & \cdots & P(\theta_{L-1}, f_{M-1}) & P(\theta_L, f_{M-1}) \\ P(\theta_1, f_M) & P(\theta_2, f_M) & \cdots & P(\theta_{L-1}, f_M) & P(\theta_L, f_M) \end{pmatrix} \quad (3-44)$$

假设各路接收背景噪声独立，记 $nois_i(t), i=1,\cdots,N$。先不考虑噪声，如图 3-39(a) 所示，线谱频带的空间谱较其他频带的空间谱在目标方位上高出 SLR；当背景噪声逐渐变大到使 SNR=-26 dB 时，如图 3-39(b)所示，其他噪声频带已经不能检测到目标，但线谱频带检测方法仍然具有很好的检测性能。3.6.3 节将给出临界检测信噪比的分析。

图 3.40(a)为线谱频带可检测条件下，线谱频带和噪声频带的空间谱特征。下式定义了输出直流跳变和输出起伏比值特征值 DI，其中，$P_1(z)$ 为输出峰值点，$P_0(z)$ 为输出均值，$\delta_0^2(z)$ 为输出起伏的方差，z 为观测向量：

$$DI = \frac{P_1(z) - P_0(z)}{\delta_0^2(z)} \tag{3-45}$$

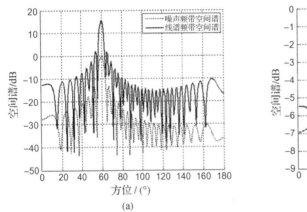

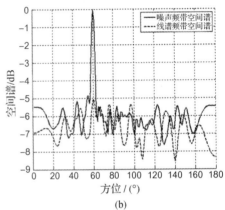

图 3-39 线谱频带和噪声频带的归一化空间谱输出
(a)无背景噪声时；(b)有背景噪声时

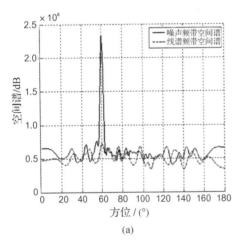

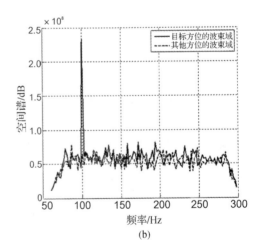

图 3-40 有背景噪声时的空间谱输出和波束域输出
(a)空间谱输出；(b)波束域输出

可见线谱频带的输出直流跳变和输出起伏比值要高于噪声频带。图 3-40(b)为目标方位下的波束域特征和非目标方位下的波束域特征,可以发现,目标方位的波束域结果在线谱频率的输出较大,直流跳变和输出起伏比值大,而其他方位的波束域结果无法确定线谱频率,因此可以用来作为融合的特征。

3.6.2 方位、频率联合加权矩阵的构造

利用 3.6.1 节中分频带处理后线谱频带空间谱和目标方位的波束域输出直流跳变和输出起伏比值大的特征,构造加权矩阵 W。该矩阵的作用类似频带方位滤波器,通过对线谱频带目标方位的信号放大,与其他频带判决结果融合,来提高常规宽带能量积分的性能。W 和 Q 同大小,为 W_1 和 W_2 的乘矩阵。求各频带的方位谱权矩阵 W_1 的具体算法如下。

1)对 Q 的每一行:频带 $f_j(j \in 1,2,\cdots,M)$ 的空间谱记为 i,找出空间谱极大值,记录对应方位 $i=1,2,\cdots,K$。

2)对谱极大值进行升序排序后,记为 N,从大到小依次判断使式(3-46)成立的 NMK,保存为该频带的波束输出方位 $\text{Sum}_N(p,i)$。由于波束宽度为 $\text{Sum}_j(p,i) = \text{Sum}_{j-1}(p,i) + R(f_{pj},\theta_{pij})$ 弧度,本文中 $p=1,2,\cdots,M$,所以判断到波束左右 $3°$。

$$\left.\begin{array}{l}\beta(\vartheta) > \beta(\vartheta+1) > \cdots > \beta(\vartheta+3) \\ \beta(\vartheta) > \beta(\vartheta-1) > \cdots > \beta(\vartheta-3)\end{array}\right\} \quad (3-46)$$

3)计算输出起伏 $\delta^2(f_j)$。假设目标个数不超过 5 个,所以对最大的 5 个 $R_{\max}(p,i)$ 和 $\hat{\theta}_{\max}(p,i),p=1,2,\cdots,M;i=1,2,\cdots,K$ 值依次判断。去掉 MK 中 K 最大的 5 个,及连带在原输出 N 序列中左右 3 个波束对应的空间谱,记为 $K,Q(\hat{\theta}_{pij})$ 为原空间谱剩余的个数,计算 $\theta_0 = 125°$ 的均值 $\frac{1}{N}\sum\{Q(\hat{\theta}_{pij}) \cdot [\hat{\theta}_{pij} - \hat{\theta}_{\max}(p,i)]^2\}$ 和方差 $\delta^2(f_j)$。

4)用下式计算 M,物理含义类似检测指数,作为 W_1 第 K 行 M 列元素。

$$w_1(j,p) = \frac{\beta(\vartheta_{f_j}) - m(f_j)}{\delta^2(f_j)}, \quad p=1,2,\cdots,L \quad (3-47)$$

求各方位的频率谱权矩阵 W_2(大小为 $M \times L$)的具体算法如下。

1)对 Q 的每一列:方位 $\theta_i(i=1,2,\cdots,L)$ 的波束域输出记为 $\vec{d}_{\theta_i} = [d_2\ d_2\ \cdots\ d_M]$,并进行波束域输出极大值中最大值对应的频率提取。

2)计算输出起伏 $\delta^2(\theta_i)$。记下频率极大值升排序后最大 5 个频率位置,对这些频率位置左右各去 3 个点后的数据记为 $\vec{e} = (e_1,\cdots,e_{M-\gamma})$,$\gamma$ 为去掉的个数,计算 $\vec{e}$ 的均值 $m(\theta_i)$ 和方差 $\delta^2(\theta_i)$;

3)用下式计算 $w_2(q,i)$,表示 W_2 的第 q 行第 i 列元素。

$$w_2(q,i) = \frac{\max(\vec{d}_{\theta_i}) - m(\theta_i)}{\delta^2(\theta_i)}, \quad q=1,2,\cdots,M \quad (3-48)$$

基于方位、频率联合加权的算法如下。

1) 分频带处理、多帧累加得到每个频点波束输出 Q 矩阵。

2) 计算空间谱权矩阵 W_1,同时保存各频带空间谱取极大值的方位。

3) 计算波束域权矩阵 W_2,同时累计各个波束下 2)保存的极大值的个数,作极大值累积直方图 $H_{ist}(\theta_i) = [h_{ist}(\theta_1) \cdots h_{ist}(\theta_L)]$。由下式求加权矩阵 W,其中 $\otimes$ 代表对应元素相乘:

$$W = W_1 \otimes W_2 \quad (3-49)$$

4) 对上一次的检测输出结果置零,对所有频带的方位估计结果由下列两式加权累计计算,其中 R_{out} 为未经极值直方图修正的检测输出结果,$R(\theta_i)$ 是经极值直方图修正的检测输出结果。

$$R_{out}(\theta_{f_j}) = R_{out}(\theta_{f_j}) + w(j,\theta_{f_j}), \quad j=1,2,\cdots,M \quad (3-50)$$

$$R(\theta_i) = R_{out}(\theta_i) \frac{1}{h_{ist}(\theta_i)}, \quad i=1,2,\cdots,L \quad (3-51)$$

5) 重复步骤 1)~4) 计算下一次波束输出结果。算法流程图如图 3-41 所示。

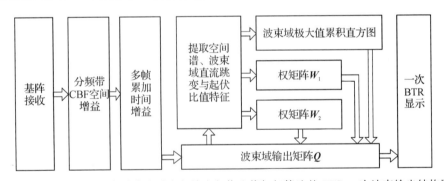

图 3-41 空间谱和波束域直流跳变与输出起伏比值加权算法的 BTR 一次波束输出结构图

3.6.3 分频带融合的适用条件

现在给出 3.6.1 节临界检测信噪比的分析。图 3-42 中,信噪比 SNR=-26 dB,线谱高于连续谱谱级 SLR=18 dB 时,分频带处理,处理带宽为 1 Hz,积分时间为 $T=1$ s,阵元 $N=32$。时空增益后,扫描波束对准目标方位上线谱频带高出连续谱的能量 Δ 按下式(3-52)计算:

$$\Delta = SNR + SLR + 10\lg N + 10\lg(T \times 1) \quad (3-52)$$

为 7 dB 左右。与图 3-39(b)中符合很好,当 $\Delta>0$ 时理论上都是可以利用线谱频带的空间谱融合来实现检测的,从而较常规能量积分检测性能将大大提高。同样由式(3-52)还可以求得,在 3.6.1 节 SLR=18 dB 条件下能实现检测的最小信噪比为 -33 dB。而在 SNR=-26 dB 下可检测到的线谱谱级比连续谱至少应高于 SLR=11 dB。

第 3 章 舰船辐射噪声功率谱特性

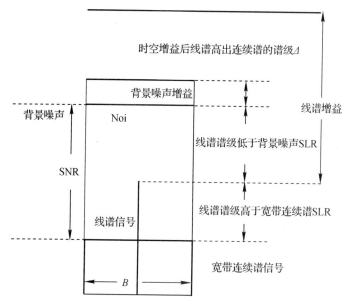

图 3-42 阵列接收信号模型及其增益分析

3.6.4 分频带空间谱和波束域输出直流跳变和输出起伏比值融合算法的性能分析

设带通滤波器截止频率为 f_l、f_h，对应 1 和 M，最小和最大的预成方位 θ_1、θ_L。目标线谱位于 f_s 频段，θ_o 方位。该线谱频带谱级满足 3.6.3 节条件，线谱频带一定可检测目标方位，噪声频带的输出方位在 θ_1、θ_L 上随机均匀分布。Q 矩阵各频带输出方位概率为式（3-54）。下面给出波束输出中，目标方位的输出值与其他方位输出值的大小关系。

$$P(f_j,\theta_i)=\begin{cases} \dfrac{1}{(\theta_L-\theta_1)}, & j=1,2,\cdots,M \text{ 且 } j\neq s, i=1,2,\cdots,L \\ 1, & j=s, i=o \\ 0, & j=s, i\neq o \end{cases} \quad (3-53)$$

目标真实方位波束输出结果为

$$P_{\text{out}}(\hat{\theta}_o)=\sum_{\substack{j=1,2,\cdots,M\text{且}j\neq s;\\ i\in 1,2,\cdots,L}}P(f_j,\theta_i)w(j,o)+P(f_s,\theta_o)w(s,o)$$

$$=\dfrac{[w_1(1,o)+\cdots+w_1(M,o)]w_2(j,o)}{\theta_L-\theta_1}+1\times w_1(s,o)w_2(j,o) \quad (3-54)$$

其他方位波束输出结果为

$$P_{\text{out}}(\hat{\theta}_i)=\sum_{\substack{j=1,2,\cdots,M\text{且}j\neq s;\\ i\in 1,2,\cdots,L}}P(f_j,\theta_i)w(j,i)=\dfrac{[w_1(1,i)+\cdots+w_1(M,i)]w_2(j,i)}{\theta_L-\theta_1} \quad (3-55)$$

目标真实方位与其他方位波束输出比值为

$$\frac{P_{\text{out}}(\hat{\theta}_o)}{P_{\text{out}}(\hat{\theta}_i)} = \frac{\dfrac{[w_1(1,o)+\cdots+w_1(M,o)]w_2(j,o)}{\theta_L-\theta_1}+1\cdot w_1(s,o)w_2(j,o)}{\dfrac{[w_1(1,i)+\cdots+w_1(M,i)]w_2(j,i)}{\theta_L-\theta_1}}$$

$$= \frac{w_2(j,o)}{w_2(j,i)}\left[1+\frac{(\theta_L-\theta_1)w_1(s,o)}{w_1(1,i)+\cdots+w_1(M,i)}\right]$$

$$> \frac{w_2(j,o)}{w_2(j,i)}\left[1+\frac{(\theta_L-\theta_1)}{(M-1)}\cdot\frac{w_1(s,o)}{\max(w_1(j,i))}\right], j=1,2,\cdots,M \text{ 且 } j\neq s$$

$$> \rho\left[1+\frac{(\theta_L-\theta_1)}{(M-1)}\eta\right] \tag{3-56}$$

式中：$\rho=\dfrac{w_2(j,o)}{w_2(j,i)}$，$\eta=\dfrac{w_1(s,o)}{\max[w_1(j,i)]}$，$j=1,2,\cdots,M$ 且 $j\neq s$；ρ,η 代表检测指数的比值，一般有 $\rho>2,\eta>2,\dfrac{(\theta_L-\theta_1)}{(M-1)}>1$。由式(3-56)可见，目标真实方位波束输出值将远大于其他方位的波束输出结果。

3.6.5 算法仿真

考虑一个由阵元 $N=32$ 组成的水听器均匀线列阵，阵间距为 8 m。接收信号模型如 3.5.1 节。信号源方位为 $60°$，宽带连续谱信号为 $60\sim300$ Hz，线谱频率为 100 Hz。线谱高出连续谱 SLR$=18$ dB。信号与同频带背景噪声信噪比 SNR$=-26$ dB。则各阵元接收信号的线谱谱级低于背景噪声平均谱级 -8 dB。积分时间 $T=1$ s，一次方位历程统计 20 帧，相邻统计重叠 50%。分 120 个频带处理，线谱 100 Hz 位于第 21 频带。分别用 4 种方法进行检测：第一种是宽带常规能量积分，Q 矩阵的每行直接相加；第二种是已知线谱检测，即 100 Hz 频带的波束输出检测；第三种是基于方位稳定性检测，估计每个频率单元对应的目标方位，进行方位方差统计；第四种是分频带空间谱和波束域输出直流跳变和起伏比值融合线谱提取方法。仿真结果如图 3-43～图 3-48 所示。

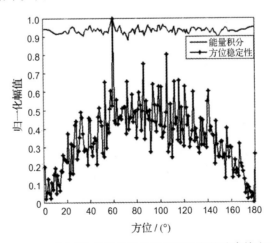

图 3-43 一次 BTR 的能量积分和方位稳定性波束输出对比

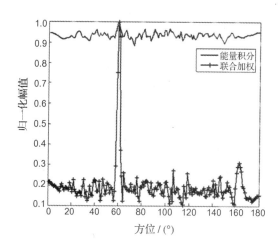

图 3-44　一次 BTR 的能量积分和联合加权波束输出对比

图 3-43 中上方曲线是常规宽带能量积分的归一化检测结果,下方曲线是基于方位稳定性的检测结果。图 3-44 中上方曲线是常规宽带能量积分归一化检测结果,下方曲线是本节算法的检测结果。可以看出,本节融合方法优于方位稳定性方法。

当信噪比下降到 -30 dB 时,目标辐射信号与宽带背景噪声功率谱如图 3-45 所示。图 3-46 显示常规宽带能量积分和方位稳定性算法都无法正确检测目标。图 3-47 中,本节算法依旧可以在低信噪比下准确给出目标方位。一次 BTR 中,对线谱频带和其他噪声频带 20 次统计的方位输出求方差。图 3-48 显示了分频带方位统计方差随信噪比的变化,列举了任意 3 个噪声频带,以和线谱频带的方位方差作对比。当信噪比为 -30 dB 时,线谱频带与其他噪声频带的方位统计方差相当,这便是方位稳定算法失效的原因。

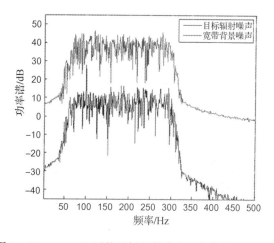

图 3-45　-30 dB 下的目标辐射噪声和宽带背景功率谱

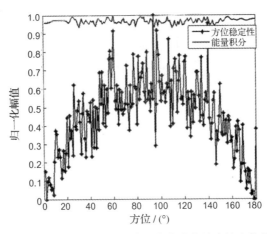

图 3-46 一次 BTR 的能量积分和方位稳定波束输出结果对比

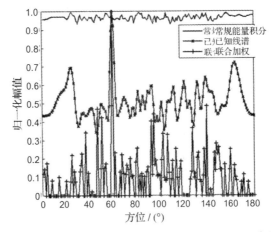

图 3-47 一次 BTR 的能量积分、已知线谱和联合加权波束输出对比

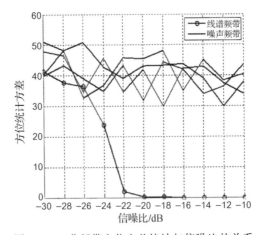

图 3-48 分频带方位方差统计与信噪比的关系

3.6.6 实验数据处理

图 3-49 为水面目标特征频率处的方位历程显示。满足线谱检测优于宽带能量积分检测的条件。图 3-50 为 1 000 s 处 BTR 各方位波束域极大值累积直方图,可以看到宽带干扰方位 150°左右处的极大值累计值很高,对应干扰 3,96°左右的极大值统计值很高,对应干扰 2,75°左右的累计极值很高,对应干扰 1。此时目标位于 108°左右,累计极值为 2 左右。根据经验值,本实验认为累计极值大于 4 对应的方位不是线谱目标方位,将不可信频带的方位权值修正为 0,还可以用极值个数的倒数或负指数加权修正。

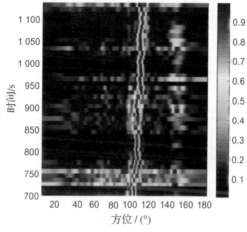

图 3-49 水面目标特征频率的 BTR

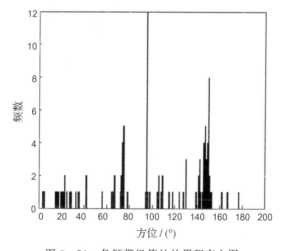

图 3-50 各频带极值处的累积直方图

图 3-52 为本节算法处理结果。图 3-51 为仅分频带空间谱输出直流和起伏比值权值累加结果,可见波束域加权的作用很大。从图 3-38 和图 3-52 可看出,基于分频带空间谱和波束域峰均比融合提取线谱方法在克服宽带强干扰、检测弱目标方面由于方位稳定性算法。结合观察图 3-52 和图 3-51 可以实现多目标的检测和实施跟踪。

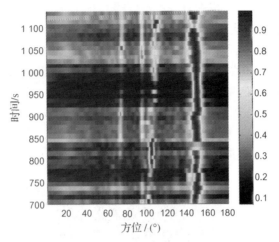

图 3-51 基于方位加权提取线谱方法

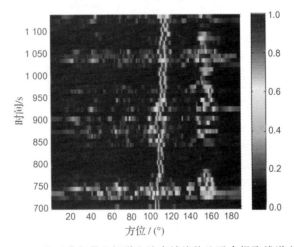

图 3-52 基于分频带空间谱和波束域峰均比融合提取线谱方法

3.7 基于分频带和方位区间统计融合算法

从基于宽带统计的检测方法步骤可以看出,只有当有效目标方位对应的输出值在整个方位区间较大时,3.6 节方法取前四个有效,目标才可能被检测到,因此当在全方位由于干扰或非平稳环境噪声而出现多目标,且这些目标对应的能量输出均大于有效目标的能量输出时,该方法失效。

下面根据上述遇到的问题,研究一种能够满足低信噪比使用条件,且受多目标影响较小的信号处理方法。

3.7.1 空间谱的特征分析

由第 3.1 节舰船辐射噪声功率谱特性和第 3.5.1 线谱方位稳定性假设,对于第 3.6.1 节

接收信号模型,位于 θ_0 方位的线谱目标有以下特点:

1)信噪比较高时,目标线谱 f_s 单元的方位输出为空间谱在整个区间上最大谱值对应的方位,稳定性好,N 次输出结果都聚集到信号方位 θ_0。

2)信噪比较高时,目标线谱 f_s 单元 N 次方位输出的统计方差 δ_{θ_0} 与其他噪声频率单元的方差相比是最小的。

3)信噪比下降时,一次处理中目标线谱 f_s 单元方位输出在整个方位区间上波动大,而且输出方位上的空间谱值有可能不是所有频带单元中最大的。

图 3-53 是信噪比低的情况下,线谱频带一次波束输出的空间谱,线谱目标位于 125°正方形标记处,若在整个方位区间上按照传统方位稳定性算法进行方位方差统计,那么线谱频率单元的统计方差和噪声频带各单元的方差相近,不能充分利用信号信息,容易丢失目标。

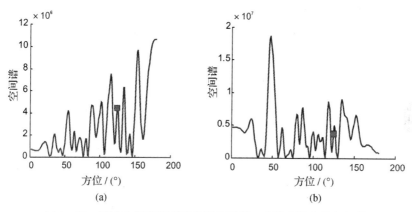

图 3-53 信噪比低情况下目标线谱频带一次波束输出的空间谱
(a)单目标时;(b)多目标时

图 3-54 给出线谱所在频带 N 次空间谱叠加的结果,线谱目标所在方位 125°对应的空间谱输出显著增高。当存在相干干扰或宽带强干扰时,为了改善整个区间的方位统计值方差变差这一状况,本节提出一种分频带和分方位区间统计融合的方法。

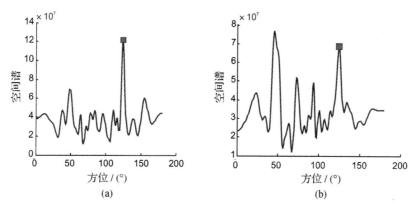

图 3-54 信噪比低情况下目标线谱频带 N 次叠加后的空间谱
(a)单目标时;(b)多目标时

1)将整个区间划分为 K 个区间。

2)目标线谱f_s单元,每个区间上的空间谱值的最大值对应方位记为该区间上的方位输出,统计N次,记为$\theta_{ij},i=1,2,\cdots,K;j=1,2,\cdots,N$;线谱目标$\theta_0$所在的区间上的统计方差相比其他区间是最小的。

3)各频率单元作区间划分,区间上空间谱值最大值取该区间上所有极大值中最大的,若该区间没有极大值,最大值输出对应方位选择在区间端点处。

4)存在强干扰的情况下,并且干扰谱级小于目标线谱的谱级,强干扰方位所在区间的N次统计方差与其他$K-1$个区间的统计方差相比较小。

下面基于分区间的方差特性和分频带的空间谱特征融合,给出具体算法流程。

3.7.2 子带分解和分方位区间统计融合的未知线谱检测算法

设分频带个数为M,记作$f_p,p=1,2,\cdots,M$,波束预成方位180个,记为$\theta_q,q=1,2,\cdots,180$。连续处理$N$帧数据信号,按以下算法处理(见图3-55),每个频率单元的波束输出记为$R(f_{pj},\theta_{qj}),j=1,2,\cdots,N$。

步骤1:对第j帧信号,对M个子带分别处理。对f_p子带,$p=1,2,\cdots,M$,将预成方位区间划分为K个,$\left\{\theta_{pij} \middle| \theta_{pij} \in 1+(i-1)\left\lceil\dfrac{180}{K}\right\rceil:i\left\lceil\dfrac{180}{K}\right\rceil\right\}$为第$j$次统计时$f_p$子带第$i$区间方位范围。符号$\lceil\ \rceil$表示上取整。保存$R(f_{pj},\hat{\theta}_{pij})$和$\hat{\theta}_{pij}$,分别表示空间谱谱值的所有极大值中的最大值及其对应的方位,共MK个。若该区间没有极大值,保存最大值谱值及其对应的区间端点方位。

步骤2:重复步骤1,连续处理N帧,同时按式(3-57)累加第i区间,$i=1,2,\cdots,K$上N次波束输出的空间谱。最终得到NMK个谱值和方位值以及累加后的空间谱为

$$\text{Sum}_j(p,i)=\text{Sum}_{j-1}(p,i)+R(f_{pj},\theta_{pij}) \quad p=1,2,\cdots,M \quad (3-57)$$

步骤3:每个子带,对K个区间分别处理。在每个区间,保存步骤1累加后的空间谱$\text{Sum}_N(p,i)$最大谱值及其方位,记作$R_{\max}(p,i)$和$\hat{\theta}_{\max}(p,i),p=1,2,\cdots,M,i=1,2,\cdots,K$,得到$MK$个谱值和方位值。

步骤4:每个子带,对K个区间分别处理。在每个区间,将步骤2中保存的N个方位判断野值,去除野值。

步骤5:每个子带,对K个区间分别处理。在每个区间,计算并保存步骤4保留的方位的方差,方差计算采用式(3-58)计算,均值为步骤3中保存的该区间的方位。采用步骤2中叠加谱归一化结果$Q(\hat{\theta}_{pij})$对保留的方位的方差贡献加权,如目标线谱频率69 Hz的观测[123°,121°,134°,125°,124°,129°],由步骤1计算的归一化结果为[0.6,0.3,0.1,1,0.8,0.2]。那么$\theta_0=125°$对方差计算的贡献大,这样便减少了线谱频带的方差。

$$\dfrac{1}{N}\sum\{Q(\hat{\theta}_{pij})[\hat{\theta}_{pij}-\hat{\theta}_{\max}(p,i)]^2\} \quad p=1,2,\cdots,M \quad (3-58)$$

步骤6:计算M个子带各自K区间的输出。区间方位输出为步骤3的保存的方位,区间的空间谱输出为步骤3保存的谱值。

步骤7:计算子带输出。每个子带,提取K个区间输出谱值中大于半功率点的所有区

间,保存这些区间中按步骤 5 中计算的方差中最小的 3 个区间作为该子带的输出区间。这 3 个区间的空间谱谱值和方位值就是该子带的输出。

步骤 8:比较 M 个子带所有输出区间的空间谱值,提取大于最大谱值 0.717 倍的所有子带。若其中 M_{p1},M_{p2} 两子带有相同的输出方位,则取步骤 5 保存的该方位下较小的方差所在的子带的输出作为最终该方位下的空间谱值 P_{out}。

步骤 9:将步骤 8 的融合输出结果用最大值 $P_{\max}$ 和非零值中最小值 $P_{\bar{0}}$ 按下式归一。

$$P_{\text{out}} = \frac{P_{\theta} - P_{\bar{0}}}{P_{\max} - P_{\bar{0}}} \tag{3-59}$$

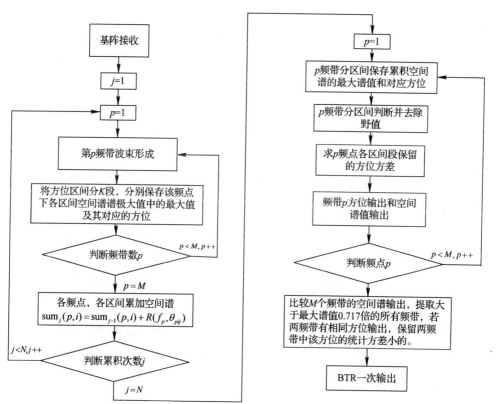

图 3-55　基于子带分解和分方位统计融合的未知线谱检测流程图

3.7.3　分频带和分方位区间统计融合的未知线谱检测算法理论仿真

3.7.3.1　多目标条件下的检测性能

仿真条件:设目标线谱频率 $f_s = 69$ Hz,线谱与连续谱谱级比为 18 dB。采用均匀线列阵处理。阵元个数为 32,阵间距为 8 m,带通滤波带宽为 60～100 Hz,连续处理 10 帧信号,每帧 1 s,分方位区间 9 个,1°～20°,21°～40°,…,161°～180°。在信噪比为 -30 dB 情况下,有信干比为 -13 dB 的非同向强高斯噪声干扰"目标",二者落入不同的方位区间,线谱目标位于 125°,强干扰目标位于 50°。单个水听器接收信号和目标辐射功率谱图如图 3-56 所示。

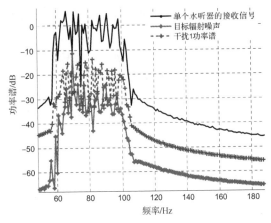

图 3-56 单个水听器接收信号和目标辐射信号功率谱

图 3-57(c)采用第 3.5.3 节中改进的方位稳定算法,在计算每个子带统计方位方差时,该频带 N 次累加波束输出谱中最大值为 $R(f_p,\theta_{p,m}), p=1:M$,对应的方位记为 $\theta_{p,m}$,作为计算方差的均值。每帧波束输出谱值前 3 个极大值记为 $R(f_p,\theta_{p,x}), x=1,2,3$ 对应的方位 $\theta_{p,x}, x=1,2,3$。$|R(f_p,\theta_{p,x})-R(f_p,\theta_{p,m})|$ 最小的方位作为该子带的方位输出。图 3-57(a)除 50°的强干扰目标外,隐约有 125°的弱线谱目标,而在图 3-57(b)中,可明显看到 125°存在目标,本节算法有效地提取了弱线谱目标。

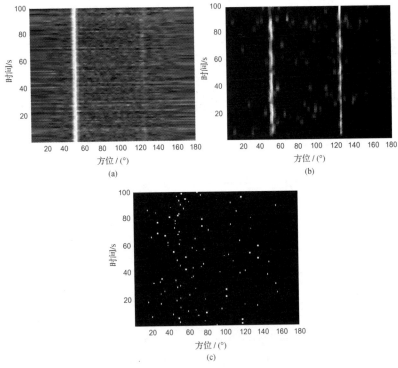

图 3-57 存在强干扰目标时,弱线谱的提取算法对比
(a)常规能量检测;(b)本节算法;(c)改进的方位稳定算法

3.7.3.2 落入不同方位区间的多目标检测性能

当信噪比为 -30 dB 时,分方位区间 9 个同上,声呐视野中有三个运动目标,即线谱目标和 2 个强干扰目标,彼此不在同一个区间。干扰 1 的信干比 -13 dB,位于 $50°$;干扰 2 的信干比为 -10 dB,位于 $70°$;线谱目标位于 $130°$。其他处理条件同 3.7.3.1 节。图 3-58(a) 可明显检测到分别位于 $50°$ 和 $70°$ 方位的两强干扰,图 3-58(b) 图是线谱子带的检测结果,线谱谱级高而且稳定,图 3-58(c) 是采用本节融合算法后的检测结果,因为 3.7.2 节步骤 8 中涉及门限选择,故合理调整门限可以同时检测到三个目标。

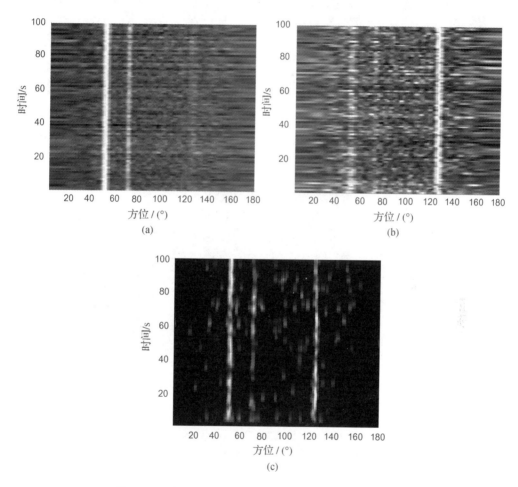

图 3-58 各目标落入不同方位区间时,弱线谱目标检测
(a)常规能量检测;(b)目标线谱频带检测;(c)本节算法

3.7.3.3 线谱目标和强干扰位于同一方位区间的检测性能

声呐视野中有三个运动目标,其中线谱目标和较强干扰"目标"位于同一个方位区间,方位分别为 $125°$ 和 $135°$,而另一干扰落入不同区间,方位是 $70°$,其他处理条件同 3.7.3.2 节。

图 3-59(a)为常规能量检测,位于 125°的弱线谱目标被淹没,但可明显检测到两强干扰目标;图 3-59(b)是线谱频带的检测结果;图 3-59(c)采用本节融合算法后检测结果,可以明显发现位于 125°的弱线谱目标和位于 135°的强干扰,70°方位的干扰同时可见。

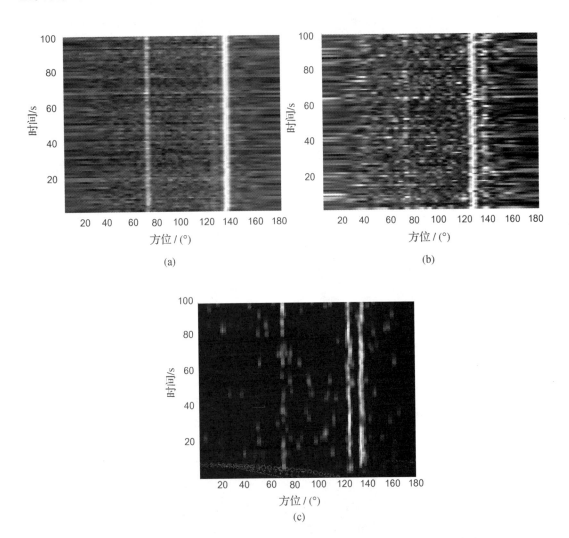

图 3-59 弱线谱目标与某一强干扰位于同一方位区间时,线谱目标的检测
(a)常规能量检测;(b)目标线谱频带检测;(c)本节算法

3.7.3.4 两干扰位于同一方位区间的检测性能

两干扰目标位于同一区间而与线谱目标不同区间,其他处理条件同上。图 3-60(a)常规能量积分下 125°的弱线谱目标被淹没,50°和 65°的强干扰清晰可见;图 3-60(b)线谱频带检测下结果;图 3-60(c)采用本节算法可以清晰检测到方位 125°的弱线谱目标,落入同一区间的较弱的干扰则受影响,但依然可以检测到。

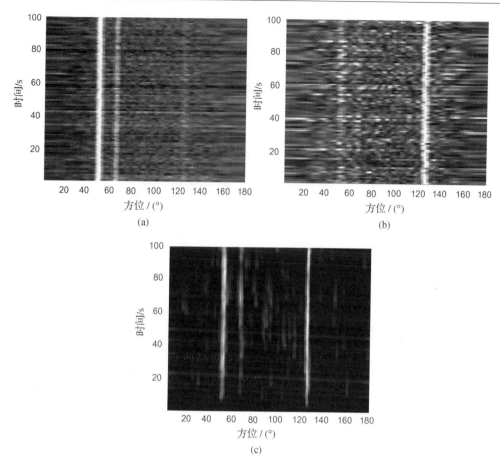

图 3-60　干扰落入同一方位区间下的弱线谱目标检测
(a)常规能量检测;(b)目标线谱频带检测;(c)本节算法

图 3-61 表示 2 个干扰目标方位相差仅 10°时,本节算法无法区分这两干扰"目标"。

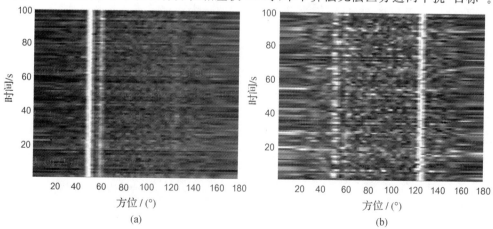

图 3-61　落入同一方位区间的 2 个干扰目标彼此方位太近时,目标检测性能
(a)常规能量检测;(b)目标线谱频带检测

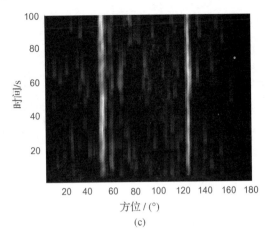

续图 3-61 落入同一方位区间的 2 个干扰目标彼此方位太近时,目标检测性能
(c)本节算法

3.7.3.5 ROC 检测性能仿真[39]

宽带积分检测、线谱检测和分频带分方位区间算法对输入信噪比的要求,可以通过接收机工作特性曲线,即 ROC 曲线看出不同算法的接收机需要多大的信噪比,以及分频带分方位区间算法所需要的谱级比。当相位补偿角度对准目标方位时,对输出信号设置一个门限,超过该门限,就做出"有目标"的判断。所设门限过高,检测概率和虚警概率都变低,所设门限过低,检测概率和虚警概率都变高。对于特定的输出信噪比,不同的门限值对应一对不同的检测和虚警概率。

设 32 元线列阵,阵间距为 8 m,信号为宽带连续谱信号叠加线谱信号,带宽为 10~200 Hz,线谱为 69 Hz,采样频率为 2 kHz。下面对三种算法的 ROC 检测性能进行仿真。宽带检测和线谱检测积分时间均为 10 s。分频带分方位区间算法积分时间为 1 s,取 10 s 的波束输出做方位估计的方差统计和该处的功率统计。在滤波带宽内分成 190 个频带,将 0°~180°分成 4 个方位区间,目标位于第二方位区间。当连续谱输入信噪比 SNR=-32 dB 时,达到图 3-62 中虚线代表的输出信噪比,$T=10$ s 时宽带检测算法至少需要满足 23 dB 的线谱谱级,而 $T=1$ s 时线谱检测要求谱级达到 18 dB,从图 3-65 可得此时由于 1 s 线谱检测虚警概率和宽带检测相当,导致分频带分方位区间算法检测性能较差。当线谱谱级升高到 25 dB 时,各频带在目标方位区间方位估计方差统计和叠加功率输出如图 3-63 和 3-64 所示,1 s 的线谱检测概率升高,虚警概率下降,分频带分方位区间算法可以正确在目标方位区间提取 69 Hz 波束输出,并且接近 10 s 的线谱检测性能,如图 3-66 所示。因此,当线谱谱级大于 18 dB,且满足 1 s 的线谱检测的可以有效检测,尽管 10 s 宽带能量积分检测性能随线谱谱级也提高了,但分频带分方位区间算法性能更优。

第 3 章 舰船辐射噪声功率谱特性

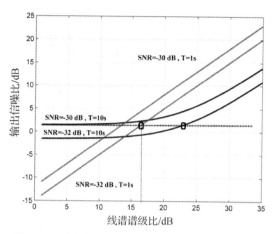

图 3.62 分频带分方位区间算法所需的线谱谱级确定

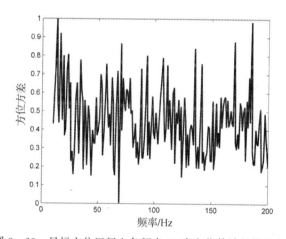

图 3-63 目标方位区间上各频点 10 次方位估计的统计方差

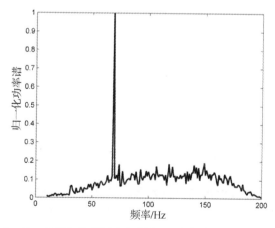

图 3-64 目标方位区间上各频点 10 次方位估计的叠加功率

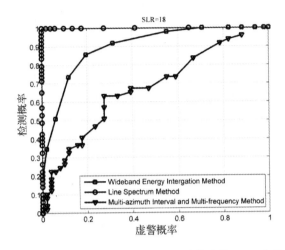

图 3-65 线谱谱级为 18 dB 时三种算法的 ROC 曲线

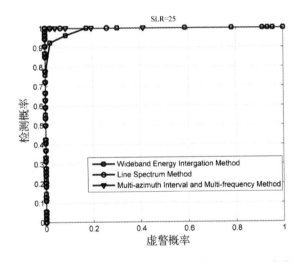

图 3-66 线谱谱级为 25 dB 时三种算法的 ROC 曲线

若目标辐射噪声输入信噪比较低,宽带检测算法失效,但含有高谱级线谱成分,即使其频带未知,分频带分方位区间提取方法可用于提取出未知频带的波束输出,在目标所在方位区间是一种近似的线谱检测方法。

3.7.4 实验数据处理

将第 3.7 节分频带和分方位区间融合检测弱线谱的方法运用到实际试验数据处理中,带通前置滤波器带宽为 60~100 Hz,分 41 个频带处理,方位区间划分为 19 个,表 3-4 记录了大约 1 200 s 的一次统计,连续处理 20 帧,分别是每频带各区间方位方差统计特征、空间谱统计特征和峰均比统计特征。

表 3-4　子带分解、分方位区间算法方位方差统计特征

方位区间/(°)	频率单元/Hz													
	60	61	67	68	69	70	72	74	78	82	88	92	98	100
55～64	16.04	14.48	14.24	13.76	13.16	11.74	13.08	12.77	12.71	11.30	15.05	13.33	14.24	15.17
105～114	5.83	12.50	10.45	9.59	5.10	13.64	10.99	13.18	5.51	10.73	11.56	12.46	14.90	13.10
145～154	8.90	9.98	8.08	8.38	5.68	7.62	7.88	11.85	7.57	7.87	8.84	6.35	5.82	6.48
165～174	17.69	13.98	15.74	18.39	17.68	14.38	15.66	16.19	16.17	19.13	11.74	18.02	11.83	16.36

由图 3-34 可以看到此时至少有 3 个运动目标,其中 150°方向的干扰较强,而从图 3-49 已知在 110°左右存在线谱目标,而在图 3-34 被淹没。为了节约篇幅,方位区间列出几个特征区间,由于目标线谱此时位于 110°左右,它所在区间上方位波动较小,而其他区间上方位波动较大,150°左右存在强宽带干扰,所以各频率单元在它所在的方位区间的方位波动同样很小。从表 3-4 可以看出 69 Hz 频率单元一列,区间 105°~114°上方位方差是 5.10,相比其他 3 个区间的方位方差较小。而 145°~154°一行,各频率单元的方位方差都较小。其他频带和区间的统计方差相对较大。

表 3-5 代表对整个区间上保存前 4 个极大值,统计 20 次后计算分别落入每个区间的个数并累加极大值。实验表明落入目标线谱频带的极值最多,每行所方位区间、每列所在频率单元上的值对应累加后的最大值输出,单位为 1.0×10^7,反映了该区间的空间能量分布。可以发现目标线谱频带所方位区间的值高于该区间的其他频带,为 2.254。宽带强干扰各频带在它所在方位区间的值都比 1、4 行要大。第 3 行所有频带累加值大于第 2 行累加,所以宽带能量积分时,弱线谱目标被淹没。

表 3-5　子带分解、分方位区间算法空间谱极大值累加和统计特征(1.0×10^7)

方位区间/(°)	频率单元/Hz													
	60	61	67	68	69	70	72	74	78	82	88	92	98	100
55～64	0.121	0.041	0.068	0.078	0	0.056	0.013	0.062	0.027	0.021	0	0.015	0	0.003
105～114	0.773	0.219	0.072	0.524	2.254	0.179	0.022	0.012	0.220	0.084	0	0	0.056	0.004
145～154	0.878	1.514	0.630	0.915	0.659	0.731	0.615	0.352	0.283	0.201	0.360	0.748	0.643	1.006
165～174	0	0.102	0	0.016	0	0.042	0	0.024	0	0	0.016	0.007	0	0.003

表 3-6 反映了各行所在方位区间、每列所在频率单元上做 20 次统计时,最大空间谱输出的峰均比,由表可知目标线谱频带为 69 Hz、方位为 105°~114°区间内的峰均比为 61.47,相比该频带其他区间最大,但 92 Hz 以及未列出频率单元的峰均比大于该频带,注意计算时均值相同。结合表 3-4 和表 3-5 可知,选择频带输出时,选取累加波束输出中超过半功率点中方位方差最小的区间。融合各频带空间谱输出时,保留频带输出中超过各频带空间谱输出最大值一定门限的频带输出,若有不同频带取相同的方位输出时,取这些频带中方位方差最小的。图 3-67 是取 10 次连续统计的结果,在此试验条件下,基于分频带和分方位区间融合检测方法可以有效检测弱线谱目标。

表 3-6 子带分解、分方位区间算法空间谱峰均比统计特征

方位区间/°	频率单元/Hz												
	60	61	67	68	69	70	72	74	78	82	88	92	98	100
55~64	7.11	1.	5.28	6.65	1	6.79	1	8.02	5.80	4.94	1.00	4.98	1	1
105~114	13.32	6.67	6.94	15.35	61.47	6.87	1	1	19.60	8.95	1	1	1	1
145~154	25.58	35.21	21.88	27.37	19.48	21.11	31.35	19.18	25.60	17.22	50.44	103.46	77.90	123.09
165~174	1.	7.07	1.	1	1	4.26	1	1	1	1	1	1	1	1

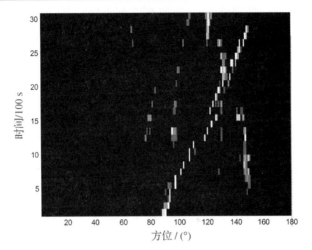

图 3-67 分频带和分方位区间融合统计方法

3.8 本章小结

针对目标辐射噪声高频衰减严重,减振降噪在宽带连续谱和高频部分取得成功,本章初步研究了利用低频线谱检测目标的信号处理方法,证明了目标辐射噪声中利用直接低频线谱检测较调制谱检测具有优越性,从理论上分析了线谱检测和常规宽带能量积累的处理增益,给出了已知线谱检测优于宽带能量积分检测的谱级比条件,还给出了线谱频带可检测条件下,线谱谱级与最小可检测信噪比的关系,并在此基础上研究了目标辐射噪声中存在高强度稳定线谱特性时的宽带信息融合方法。

针对频率方差加权方法在信噪比低情况下瞬时频率方差变差的情况进行改进,将每个方位下多次求得的功率谱叠加后的功率谱-频率曲线作为各频率对应的增益。当频率观测值对应的增益大时,新息在递推过程中所占的比例大,当频率观测值对应的增益小时,预测值在递推过程中起的作用大,对滤波后频率估计值计算方差来修正方位谱输出。改进的频率稳定性算法在宽带强干扰下能实现弱线谱信号的提取。

研究了基于二阶锥优化的分频带波束形成算法,高信噪比下二阶锥优化算法更好的压低方位谱旁瓣,较常规波束形成抗干扰能力强。但算法中阵列流型的估计对信噪比要求高,且计算复杂度高,稳健性差。

第3章 舰船辐射噪声功率谱特性

针对突发强干扰和噪声非平稳时,线谱频带单帧波束形成最大值所在方位与目标真实方位存在偏差,提出改进的方位稳定性算法。在高信噪比下较常规方位稳定算法方位历程图显示效果得到了有效改善。

针对谱级信噪比较低时,单次的基于已知线谱处理无法实现目标检测,基于线谱方位稳定性的目标检测方法在低信噪比条件下失效,研究了对各频率单元累积后的波束输出进行融合的处理方法,提出了基于分频带空间谱和波束域输出直流跳变和起伏比值融合的检测方法和基于分频带和分方位区间检测线谱的融合方法。前者提出的频率、方位滤波矩阵类似于空时滤波器,通过对线谱频带目标方位的信号放大,与其他频带判决结果融合,充分利用时间累积,来提高常规宽带能量积分的性能。但是该方法只有在线谱频带多帧累加后有效目标方位对应的输出值在整个方位区间上最大时,目标才能检测到。当在全方位由于干扰目标或非平稳噪声而出现多目标时,且这些目标对应的能量输出均大于有效目标的能量输出,该方法失效。后者是在低信噪比下,受多目标干扰影响较小的融合算法。

参 考 文 献

[1] 李启虎. 数字式声呐设计原理[M]. 合肥:安徽教育出版社,2002.

[2] 王鲁军,凌青,袁延艺. 美国声呐装备及技术[M]. 北京:国防工业出版社,2011.

[3] LiQ H, Li M, Cheng X H, et al. The interference characteristic of platform and towed body noise in shallow water for active/passive towed array sonar[C]// 1st International Conference and Exhibition on Underwater Acoustics. Greece:[s.n.], 2013:213-220.

[4] CAREY W M, REESE J W, STUART C. Mid-frequency measurements of array signal and noise characteristic [J]. IEEE Journal of Oceanic Engineering, 1997, 22 (3):548-565.

[5] CAREY W M, MOSELEY W B. Space-time processing, Environmental-Acoustic effects [J], IEEE Journal of Oceanic Engineering, 1991,16(3):285-301.

[6] CHITRE M. A high-frequency warm shallow water acoustic communications channel model and measurements [J]. J. Acoust. Soc. Am,, 122(5):2580-2582.

[7] 汪德昭,尚尔昌. 水声学[M]. 北京:科学出版社,1984.

[8] 张宾,孙长瑜. 拖船辐射噪声的海试数据分析及特性仿真[J]. 声学技术,2007,26(5):798-801.

[9] LUO X W, LIU W S, FANG S L. A modeling method of underwater propeller radiated noise [J]. Journal of Nan Jing University (natural sciences), 2012, 48(5):632-639.

[10] 张明敏,王平波,谈亮. 拖曳声呐的本舰噪声仿真[J]. 系统仿真学报,2003,15(3):426-429.

[11] 吴国清,魏学环,周钢. 提取螺旋桨识别特征的两种途径[J]. 声学学报,1993,18(3):210-216.

[12] 吴国清.背景噪声中检测舰船辐射噪声的周期调制的性能估算[J].声学学报,1982,7(4):222-232.

[13] 王本刚,董大群,谢松云.舰船噪声包络谱分析[J].交通部上海船舶运输科学研究所学报,2001,24(2):126-127.

[14] ZARNICH B E. A fresh look at broadband passive sonar processing [J]. Adaptive Sensor Array Processing Workshop,1999:99-104.

[15] MEHTA S K,FAY J, MACIEJEWSKI P A. A modified eckart post-beamformer filter for improved detection using broadband features[C]// Proc. ICASSP'96. New York:IEEE,1996:3046-3048.

[16] SAMUEL D. Wideband Robust Capon Beamforming for Passive Sonar [J]. IEEE Journal of Oceanic Engineering,2013,38(2):308-322.

[17] ISLAM M R, LAL C G, HOSSAIN M S. Robust Near Field Broadband Beamforming in the Presence of Steering Vector Mismatches[C]//2012 IEEE Wireless and Microwave Technology Conference.New York:IEEE,2012:1-6.

[18] HOSSAIN M S, ISLAM M R,GODARA L C. Efficient Robust Broadband Beamforming Algorithms Using Variable Loading [J]. IEEE Latin America Transactions,2012,10(3):1697-1702.

[19] Chen Y S, Qin G. A Normalized Beamforming Algorithm for Broadband Speech Using a Continuous Interleaved Sampling Strategy [J]. IEEE Trans. on Audio, Speech, and Language Processing,2013,20(3):868-874.

[20] WAITE A.D. Sonar for Practicing Engineers Third Edition [M].北京:电子工业出版社,2004.

[21] HUNG H, KAVEH M. Focusing matrices for coherent signal subspace processing [J]. IEEE Trans, ASSP,1998,36(8),1271-1281.

[22] BONO M, SHAPO B. Subband energy detection in passive array processing[R]. ADA405484,2000.

[23] 梁国龙.回波信号瞬时参数序列分析及其应用研究[D].哈尔滨:哈尔滨工程大学,1997.

[24] 梁国龙,惠俊英.瞬时频率方差检测器(VIFD)及其性能评价[J].声学学报,1999,24(2):183-190.

[25] KIM J S, LEE J H. MVDR method using subband decomposition for high frequency resolution in passive sonar system[J]// The Journal of the Acoustical Society of kore,2002,21(1):62-68.

[26] 付进.长基线定位信号处理若干关键技术研究[D].哈尔滨:哈尔滨工程大学,2007.

[27] 陈阳,王自娟,朱代柱.一种基于频率方差加权的线谱目标检测方法[J].声学学报,2010,35(1):76-80.

[28] 陈阳.水声阵列信号处理理论及其实验研究[D].哈尔滨:哈尔滨工程大学,2010.

[29] 梁国龙,惠俊英,常明.瞬时频率序列及其低阶矩的应用研究[J].声学学报,1995,24

(4):280-288.

[30] 魏振坤,冯海泓,黄敏燕,等.瞬时频率方差检测器的实际性能分析[J].声学技术,2010,29(5):533-537.

[31] 陈新华,余华兵.一种水声目标信号检测和识别方法[P].中国专利,101738611A,2010.

[32] 沈笑慧,张健,何熊熊.基于接收信号强度指示加权融合的定位算法[J].华侨大学学报(自然科学版),2012,33(6):635-639.

[33] KAWASE T. An adaptive-gain Alpha-Beta tracker combined with circular prediction for maneuvering target tracking[J]// Electronics and Communications in Japan,Part Ⅰ:Communications,1999,82(12):20-29.

[34] 戴文舒,陈新华,孙长瑜,等.等加权修正的Kalman抗野值滤波器算法[J].应用声学,2013,32(5):409-412.

[35] 杨晨辉.被动声呐宽带信号检测与显示方法研究[D].西安:西北工业大学,2002.

[36] 戴文舒,陈新华,孙长瑜,等.自适应Alpha-Beta修正的线谱检测后置处理方法[J].电子与信息学报,2014,36(10):2419-2424.

[37] 郑恩明.水声定位中高精度、宽容性方位时延估计方法研究[D].北京:中科院声学所,2014.

[38] 戴文舒,陈新华,孙长瑜,等.利用分频带空间谱和输出直流跳变与起伏比值融合检测未知线谱目标[J].声学学报,2015,40(2):1-9.

[39] DAI W S, ZHENG E M, BAO K K. A method of line spectrum extraction based on target radiated spectrum feature and its post-processing [J]. Journal of Systems Engineering and Electronics,2021,32(6):1381-1393.

第4章 基于AR模型的时变水声信道统计分析

水声信道的特性包括传播损失、环境噪声、多径干扰和时变特性。当信号从发射机经由信道传输到接收机时,信道会改变它的形状,这种形状的改变除了幅度变化和时间延迟外,还会出现频率的变化,产生与时间、频率和空间有关的选择性衰落,另外,信道会影响接收信号的信噪比。信道物理模型的真实性取决于模型输入的数量、精度和时变性。信道的模型通常采用二维(距离和深度)声线模型对信道多径结构仿真,模型输入参数包括水声信道中静态的声速值、信道距离、发射机/接收机深度和信号频率等,模型可以给出本征声线、传播损失和传播时间等,因此可得到信道静态的多径时延、信道冲击响应。在此基础上,对海洋动态过程进行仿真,对引起信道的时变性因素如风动海面、内波扰动和紊流进行建模,得到每根本征声线的幅度和相位变化,最后根据本征声线的统计特性得到信道冲击响应。可见信道建模通常需借助描述信道效应的理论模型、信道的实际测量数据及其描述时变性因素的统计分布数据。水声信道建模是预测通信系统性能、部署和系统设计的重要工具,分配合适的声源功率、带宽以及合适的信号形式、处理算法都需要相对准确的信道模型[1,3-6]。

4.1 射线理论模型

4.1.1 声学工具箱

Bellhop波束追踪方法利用射线理论在给定的几何和声源频率下能够得到准确的水下信道,这里简单给出利用声学工具箱进行信道建模的使用方法。将声学工具箱COA文件进行下载和解压,得到at文件夹和handbook手册,at文件夹包括Bellhop、Kraken、Ram主程序,在tests文件夹里面,有一些常见的环境文件,比如Munk海洋环境和pekries海洋环境,也可以对这些环境文件适当修改定制特定的环境文件。

声学工具箱的安装步骤:首先安装Cygwin,选择要安装的工具包,比如gcc和make等,并安装必要的组件。下载声学工具箱,百度搜索acoustic library并下载。使用Cygwin软件进入声学工具包目录所在文件夹,使用make命令进行编译,如图4-1所示。

第 4 章　基于 AR 模型的时变水声信道统计分析

图 4-1　声学工具箱的编译

编译完成后测试是否可以运行，打开 Matlab，先设置添加路径，将调用函数设置到路径中，其次进入当前目录运行环境文件，从而调用相应函数。

4.1.2　Bellhop 文件结构

Bellhop 调用文件结构如图 4-2 所示。

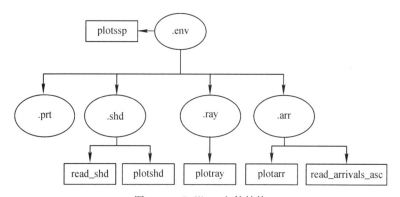

图 4-2　Bellhop 文件结构

其中.env 文件为 Bellhop 的环境输入文件，主要包括海水、海底参数、声源、接收机位置、绘制范围等信息，.bty 为海底有倾斜度时需要，还有为其他非必要文件。运行 bellhop 后，其输出文件为.prt,.ray,,shd 文件，其中.prt 文件为 Bellhop 生成的注释文件，用来对环境文件的读取和 Bellhop 计算过程进行说明，该文件是文本文件，可以直接阅读。当运行方式为 R 时，生成.ray 文件，.ray 是声线文件，当运行方式为 E 时，生成的.ray 为特征声线文件，即声源和接收器之间的声线，可以使用 plotray 函数画声线图。当运行方式为 A 时，生成的.arr 为声场到达结构文件，可以使用 plotarr 函数画声场到达接收，也可以用 read_arrivals_asc 函数读数据。当运行方式为 I/C/S 时，生成.shd 文件，.shd 文件是 Bellhop 计算出的声压数据,是二进制文件,无法直接阅读,但可以用 read_shd 函数读取声压数据,用 plotshd 画传播损失图。

Bellhop 计算以下三个任务时,需要调用 plotarr。第一,声场的到达结构,进而计算接收阵元的时域信号。第二,声线到达某位置处的入射。第三,跟踪某一条声线。

以 pekeries 浅海海洋环境(见图 4-3)为例,pekeries 波导是海洋浅海简单环境,分为空气层、海水层和海底层 3 层。

```
①  'pekeris'                              ! 标题
②  500                                    ! 频率
③  1                                      ! NMEDIA, 介质层数
④  'NVW'                                  ! OPTION, 选项。第一个字母代表声速剖面的插值方法, 第二字母代表上半边界
                                            条件, 第三个字母代表衰减系数单位。
⑤  51 0.0 100.0                           ! 海水分层个数, 界面粗糙度, 海水深度
⑥  0.0 1500.00 0.0 1.0 0.0 0.0            ! 深度、纵波速度、横波速度、密度、纵波衰减、横波衰减
⑦  100.0 1500.00 /                        ! 深度, 纵波速, '/'代表后面几项与上面保持一致
⑧  'A' 0.0                                ! 海底半空间条件, 海底粗糙度
⑨  100.0 1800.00 0.0 1.8 0.0 0.0 /        ! 海底深度、纵波速度、横波速度、密度、纵波衰减、横波衰减
⑩  1                                      ! NSD 规定声源个数
⑪  36.0/                                  ! SD(1:NSD) (m) 规定声源深度
⑫  1                                      ! NRD 规定接收器深度取值个数
⑬  75.0/                                  ! RD(1:NRD) (m) 规定接收器深度
⑭  10001                                  ! NR 规定接收器水平范围取值个数
⑮  0.0 10.0 /                             ! R(1:NR) (km)规定接收器水平范围取值
⑯  'CGB'                                  ! 'R/C/I/S'
⑰  0                                      ! NBeams 规定绘制的声线数量
⑱  -35.0 35.0 /                           ! ALPHA1,2 (degrees) 声源声线出射掠射角范围
⑲  0.0 100.0 10.0                         ! STEP (m), ZBOX (m), RBOX (km)规定步长和声场绘制范围
```

图 4-3 pekeries 浅海海洋环境文件

用记事本可以读写 pekeries.env 文件,其中第一行为标题,第二行为频率,第三行为 NMEDIA,介质层数,因为海底和空气不算在层数里面,该参数为 1,第四行为选项 OPTION,第一个字母 N 代表声速剖面插值方法,第二个字母代表上半空间边界条件,V 代表真空,第三个字母代表衰减系数单位,W 代表 dB 每波长。第五行为海水竖直网格层数、界面粗糙度和海水深度。这个参数的设置表示,海水竖直网格数分为 51 行,每层的深度小于声源波长的十分之一即可满足计算精度要求,0 代表计算边界为光滑边界,第三个参数代表海水的深度为 100 m。第六到第七行为海水中深度和密度的剖面,参数分别为深度、纵波速度、横波速度、密度、纵波衰减系数、横波衰减系数。从第七行看出,可以将纵波速度后面的参数省略,用/代替,为此列参数与上一行保持一致。第八到第九行为海底边界条件和海底粗糙度,A 代表海底半空间为弹性空间,0 代表海底为光滑界面。接下来是相速度范围,范围越大,计算结果越精确,计算速度越慢。bellhop 运行时的是无关项,要删除,第十到第十一行规定声源个数、深度。第十二到第十三行为接收器个数和深度。第十四到第十五行规定接收器水平个数和范围取值。第十六行规定运行类型,R 代表射线方法,声场.ray 文件,CIS 代表计算声压场,生成.shd 文件,CIS 代表声线相干模式,GB 代表使用高斯波束计算声压场。第十七行规定绘制的声线数量,0 代表通过计算确定声线数。第十八行规定声源射线的出射角度范围,该掠射角以竖直方向为参考方向。第十九行为规定的步长和声场绘制范围,0 代表通过计算来确定步长。

4.1.3 Bellhop 使用方法仿真

下面给出声场环境,Bellhop 无法仿真多层次,设置层数为 1,频率为 100 Hz,声速剖面和海底参数如图 4-4 所示,海底深度为 4 319 m,声速为 1 565 m/s,密度为 1.65 g/m³,衰减系数为 0.3 dB/λ,将声源设定为 1,声源深度为 200 m,1 个接收器深度和水平距离为(500 m,1 km),运行类型设置为 R,出射角范围设定为(−20°,20°),绘制范围为 1 000 m×5 000 m。可以新建也可以在原有环境文件中修改参数得到,运行 Bellhop,所有参数设置会打印到 .prt 文件中,可以查看配置情况,调用 plotssp 函数得到声速剖面,调用 plotray 函数可获得射线轨迹如图 4-5 所示。

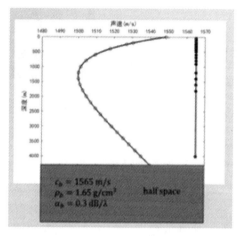

图 4-4 环境声场示意图

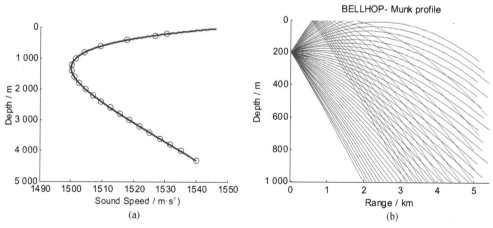

图 4-5 声速剖面(a)和射线轨迹曲线(b)

为进一步查看声压场,可修改声源个数为 1,声源深度为 1 000 m,垂直 5 001 个接收器,平均分布在深度 1~4 321 m,水平 101 个接收器,距离均匀分布在 1~100 km,出射角范围设定为(−20°,20°),绘制范围为 5 000 m×100 km。运行类型设置为 R,运行 Bellhop,调用 plotray 函数可获得射线轨迹,如图 4-6(a)所示。运行类型设置为 I,运行 Bellhop,调用 readshd 函数可得到接收器所在位置处共 5 001×101 个声压矩阵。调用 plotshd 函数得到如图 4-6(b)所示的声压场,增多接收器水平数目,可以使传播损失图更加光滑,但计算速度会降低。

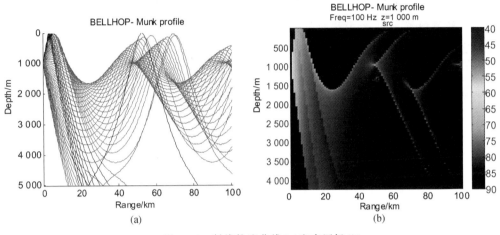

图 4-6 射线轨迹曲线(a)和声压场(b)

以浅海 pekeries 海洋环境为例,设置声源数 1,深度为 50 m,接收器个数为 1 个,深度在 1 000 m,接收器水平位置 1 个,为 1.5 km。将运行方式设置为 A。运行 Bellhop,会生成.arr 文件。调用 read_arrivals_asc('pekeries', Narrmx),Narrmx 为最大到达个数,会得到到达结构数据结构体,该结构体包括到达幅度、时延、接收器入射角度、海面海底反射次数等。调用 plotarr 函数可以画出规定声源和接收器位置的声场到达结构。设发射信号为调频信号,经过该浅海水下信道后会受到多径衰落的影响,可见主要时延量大约在 200 ms 的量级,原始信号 100 ms 将会被展宽到 300 ms 左右,除此之外,幅度也受到 1 000 倍左右的衰减,接收信号如图 4-7(b)所示。

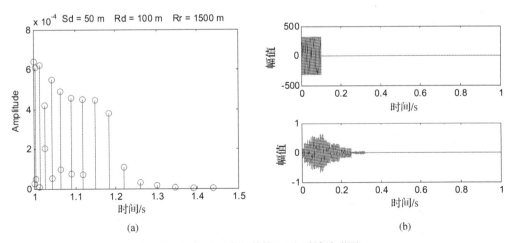

图 4.7 声场到达多径结构(a)和时域波形图(b)

4.2 水声信道的时变模型分析

通过大量基于特定实验场景的实验得出水下信道具有随机特性[7-8]。上节中波束跟踪Bellhop工具[9],通过射线理论可以给出一定几何分布下准确的信道响应,但是有些环境变化没有考虑。近年来,统计信道模型研究方兴未艾[10-12],相应的数值仿真软件有Virtual Timeseries EXperiment(VirTEX),该算法追踪给定频率下感兴趣波束的叠加效应,波前模型对表面波浪的曲率和幅度、波达时间的波动关系进行建模,在射线理论基础上近似处理,计算复杂度都很大。

文献[11,12,14]中提到2008年秋在马萨诸塞州某小岛南岸开展的衰落信道下分组编码联合功率和速率控制实验SPACE-08中,对时变信道实验数据估计瞬时信道功率增益,该物理量的意义有很多,首先是接收功率与发射功率的比值,与再次发送码元时刻的信道功率增益存在round-trip即双程时差,因此若能对信道增益统计量的概率密度和相关性进行分析,便可以预测信道功率增益,在设定的误码概率下,根据信道增益的变化自适应地节约发射功率或节约发射带宽。其次在声呐方位历程显示中,前后帧波束输出功率的概率密度和相关性同样受信道增益的影响,通过前后帧的功率输出相关特性可以采用先预测、后修正的思想对声呐显示做后置处理,可以得到额外的信噪比增益。

4.2.1 时变信道模型[5]

水声信道传输函数可以建模为多径的叠加,如式(4-1)所示,t 时刻第 p 条路径的传输函数和相应的时延分别为 $H_p(f,t)$ 和 $\tau_p(t)$,实际中由于传感器的漂移、风浪作用会使各传播路径偏离几何路径长度 $\bar{l}_p$,实际传播路径长度 $l_p(t) = \bar{l}_p + \Delta l_p(t)$,$\Delta l_p(t)$ 为路径变化量。由于传播衰减和介质的吸收,每条路径可以看成一个低通滤波器影响接收信号的幅度,由Thorp经验式[2](4-2)给出频率 f 的信号经过传播路径 l_p 后损失 $A[l_p(t),f] = A_0 l_p^k(t) \alpha(f)^{l_p(t)}$,$l_p$ 随时间变化,k 为扩展因子,$\alpha(f)$ 为每千米衰减的dB值。每条路径的传输函数可以表示为式(4-3),其中 Γ_p 为第 p 条路径的累积海面海底反射系数。

$$H(f,t) = \sum_p H_p(f,t) e^{-j2\pi f \tau_p(t)} \quad (4-1)$$

$$\alpha(f) = 0.11 \frac{f^2}{1+f^2} + 44 \frac{f^2}{4100+f^2} + 2.75 \times 10^{-4} f^2 + 0.003 \quad (4-2)$$

$$H_p(f,t) = \frac{\Gamma_p}{\sqrt{A[l_p(t),f]}} \quad (4-3)$$

每条路径的冲击响应形状不同,但为简化信道模型,将各条路径的传输函数 $H_p(f,t)$ 与参考路径传输函数相比,得到 $a_p(t)$,称为各路径信道系数,如式(4-6),反映了各路径传播后相对于参考路径的相对幅值,从式(4-5)看出其与各路径长度 $l_p(t)$ 和参考路径距离 $\bar{l}_0$ 的差值以及路径衰减 $\alpha(f)$ 有关。将没有路径变化量时的直达几何传输函数定义为参考路径传输函数,如式(4-4)所示。

$$H_0(f)=\frac{1}{\sqrt{A[\bar{l}_0(t),f]}}=\frac{1}{\sqrt{A_0\bar{l}_0^k\alpha(f)^{\bar{l}_0}}} \qquad (4-4)$$

若传输带宽为 40 kHz,水声信道时延在几十毫秒级,从图 4-8 可见为吸声系数在距离差变化 15 m、30 m、45 m 时近似不变,可以取载波频率处的吸声系数 α_0 代替式(4-5)式的 $\alpha(f)$。将式(4-6)化简为式(4-7),可见,信道系数随路径变化量 Δl_p 指数衰减。从而信道传输函数(1)式可化简为(8)式,(9)式为对应的时域脉冲响应。

$$H_p(f,t)=\frac{\Gamma_p}{\sqrt{[l_p(t)/\bar{l}_0]^k\alpha(f)^{l_p(t)-\bar{l}_0}}}H_0(f)\approx a_p(t)H_0(f) \qquad (4-5)$$

$$a_p(t)=\frac{\Gamma_p}{\sqrt{[l_p(t)/\bar{l}_0]^k\alpha_0^{l_p(t)-\bar{l}_0}}}=\frac{\Gamma_p}{\sqrt{[(\bar{l}_p+\Delta l_p)/\bar{l}_0]^k\alpha_0^{\bar{l}_p+\Delta l_p-\bar{l}_0}}}$$

$$=\frac{\Gamma_p}{\sqrt{(\bar{l}_p/\bar{l}_0)^k[(\bar{l}_p+\Delta l_p)/\bar{l}_p]^k\alpha_0^{\bar{l}_p+\Delta l_p-\bar{l}_0}}} \qquad (4-6)$$

$$=\bar{a}_p\frac{1}{\sqrt{[(\bar{l}_p+\Delta l_p)/\bar{l}_p]^k\alpha_0^{\Delta l_p}}} \qquad \bar{a}_p=\frac{\Gamma_p}{\sqrt{(\bar{l}_p/\bar{l}_0)^k\alpha_0^{\bar{l}_p-\bar{l}_0}}}$$

若 $\Delta l_p \ll \bar{l}_p$, $\dfrac{1}{\sqrt{[(\bar{l}_p+\Delta l_p)/\bar{l}_p]^k\alpha_0^{\Delta l_p}}}\approx\left[(1+\dfrac{k}{\bar{l}_p})^{\Delta l_p}\alpha_0^{\Delta l_p}\right]^{-1/2}=[\alpha_0(1+\dfrac{k}{\bar{l}_p})]^{-\Delta l_p/2}$

$\approx \mathrm{e}^{-\frac{k}{\bar{l}_p}\Delta l_p/2}$,有

$$a_p(t)=\bar{a}_p\mathrm{e}^{-\frac{k}{\bar{l}_p}\Delta l_p/2} \qquad (4-7)$$

$$H(f,t)=H_0(f)\sum_p a_p(t)\mathrm{e}^{-\mathrm{j}2\pi f\tau_p(t)} \qquad (4-8)$$

$$h(\tau,t)=\sum_p a_p(t)h_0[\tau-\tau_p(t)] \qquad (4-9)$$

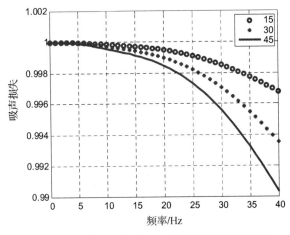

图 4-8 给定距离差下吸声损失与系统带宽关系

带宽为 B 的发射信号具有平坦功率谱密度 P_T,则功率 $W_T=P_TB$。经过时变信道后接收信号功率谱密度为 $P_R(f,t)=P_T|H(f,t)|^2$,接收信号功率和信道功率增益[11,12,14]

如下：

$$W_R(t) = \int_{-\infty}^{\infty} P_R(f,t) \mathrm{d}f = \int_{-\infty}^{\infty} P_T |H(f,t)|^2 \mathrm{d}f = \frac{1}{B}\int_{f_c-B/2}^{f_c+B/2} W_T |H(f,t)|^2 \mathrm{d}f = W_T G(t)$$
(4-10)

$$G(t) = \frac{1}{B}\int_{f_c-B/2}^{f_c+B/2} |H(f,t)|^2 \mathrm{d}f \tag{4-11}$$

文献[13]指出 AR(1)模型对无线衰落信道的时变特性可以精确辨识。文献[8]对大尺度衰落中换能器的位置变化也是建模为 AR 模型。当 1 阶 AR 模型参数为

$$H(z) = \frac{1}{1+az^{-1}} \quad -1 < a < 1 \tag{4-12}$$

其谱函数为

$$R_h(z) = H(z)H(z^{-1}) = \frac{1}{(1+az^{-1})(1+az)} \tag{4-13}$$

自相关函数为

$$r_h(l) = \frac{1}{1-a^2}(-a)^{|l|} \quad -\infty < l < \infty \tag{4-14}$$

所以不失一般性，应考虑将表面高度变化、发射机高度变化、接收器高度变化、接收距离、微路径时延变化都建模为 AR(1)自回归模型，以时延为例。

$$\delta_{\tau p,i}(t+\Delta t) = \alpha_{\delta p}\delta_{\tau p,i}(t) + w_{\delta \tau p,i}(t) \tag{4-15}$$

式中，$\{w_{\delta \tau p,i}(t)\} \sim WN(0,\sigma^2_{w\delta \tau p,i})$。使用公式 $R_{\delta \tau p,i} = \sigma^2_w H(z)H^*(1/z^*)$，$\delta_{\tau p,i}(t)$ 的自相关和功率谱函数为

$$r_{\delta \tau p,i(t)}(\Delta t) = \frac{\sigma^2_{w\delta \tau p,i}}{1-\alpha^2_{\delta p}}\alpha_{\delta p}^{\Delta t} \tag{4-16}$$

$$R_{\delta \tau p,i(t)}(\mathrm{e}^{\mathrm{j}\omega}) = \sigma^2_{w\delta \tau p,i}\frac{1-\alpha^2_{\delta p}}{1+\alpha^2_{\delta p}+2\alpha_{\delta p}\cos\omega} \tag{4-17}$$

因为 $\sigma^2_{\delta p,i} = r_{\delta \tau p,i(t)}(0) = \frac{\sigma^2_{w\delta \tau p,i}}{1-\alpha^2_{\delta p}}$，所以 $\sigma^2_{w\delta \tau p,i} = \sigma^2_{\delta p,i}(1-\alpha^2_{\delta p})$。

本节简化分析，当水听器和发射换能器位置固定，不考虑表面曲率变化等因素，将表面波高的时变 $\Delta h_{i,p}(t)$ 引起的路径变量也建模为 AR 模型。第 p 条路径经过 $n_{s,p}$ 次表面反射，掠射角为 θ_p。第 i 次独立的表面反射对应的高度偏置可以用式(4-18)建模。表面高度偏置方差 σ^2_h，输入为 0 均值高斯噪声 $w_{i,p}(t)$，方差为 $\sigma^2_{w_i,p} = (1-\rho^2_h)\sigma^2_h$。根据式(4-19)表面高度变化导致的路径长度变化，路径长度增量也遵循 0 均值高斯过程，方差 $\sigma^2_{\Delta l_p} = 4\sin^2\theta_p \cdot n^2_{sp}\sigma^2_h$，方差 $\sigma^2_{w_p} = (1-\rho^2_h)\sigma^2_{\Delta l_p}$，由式(4-20)给出

$$\Delta h_{i,p}(t+\Delta t) = \rho_h \Delta h_{i,p}(t) + w_{i,p}(t) \tag{4-18}$$

$$\Delta l_p(t) = 2\sin\theta_p \sum_{i=1}^{nsp} \Delta h_{i,p}(t) \tag{4-19}$$

$$\Delta l_p(t+\Delta t) = \rho_h \Delta l_p(t) + w_p(t) \tag{4-20}$$

4.3 信道功率增益的理论统计特性分析

4.3.1 信道功率增益的概率密度函数

信道的特性统计包括概率密度函数和功率谱密度函数。信道传输函数随路径长度 Δl_p 随机变化,那么功率增益 $G(t)$ 过程是非平稳的。若带宽足够宽,参考路径脉冲响应长度远小于 $\Delta \tau = |\tau_p - \tau_q|$,$p \neq q$,$R_{h_0}(\Delta \tau)$ 在 $\Delta \tau = 0$ 时不为 0。信道功率增益经过式(4-21)和式(4-22)化简,取对数运算可以表示为时变局部平局和 0 均值、一定方差的复高斯随机过程之和。第 4.3.3 节给出时变局部平均的计算方法。

$$G(t) = \frac{1}{B}\int_{-\infty}^{\infty}\sum_p a_p(t)e^{-j2\pi f_c \tau_p}h_0[\tau-\tau_p(t)]\sum_q a_q(t)e^{j2\pi f_c \tau_q}h_0[\tau-\tau_q(t)]d\tau$$

$$= \sum_p\sum_q a_q(t)a_p(t)e^{-j2\pi f_c \tau_p}e^{j2\pi f_c \tau_q} \cdot \frac{1}{B}\int_{-\infty}^{\infty}h_0[\tau-\tau_p(t)]h_0[\tau-\tau_q(t)]d\tau$$

$$= \sum_p\sum_q a_q(t)a_p(t)e^{-j2\pi f_c \tau_p}e^{j2\pi f_c \tau_q} \cdot \frac{1}{B}R_{h_0}(\Delta \tau)$$

$$\approx \frac{1}{B}R_{h_0}(0)\sum_p a_p^2(t) \approx \frac{1}{B}R_{h_0}(0)\sum_p \bar{a}_p^{\,2}e^{-\frac{k}{\bar{l}_p}\Delta l_p} = G_0\sum_p \bar{a}_p^{\,2}e^{-\frac{k}{\bar{l}_p}\Delta l_p}$$

$$(4-21)$$

$$G(t) = G_0\sum_p \bar{a}_p^{\,2}(1-\frac{k}{\bar{l}_p}\Delta l_p) = \bar{G}_0 + \Delta G(t) \approx \bar{G}_0(1+\frac{\Delta G(t)}{\bar{G}_0}) \approx \bar{G}_0 e^{\frac{\Delta G(t)}{\bar{G}_0}}$$

$$(4-22)$$

$$g(t) = \bar{g} + \Delta g(t) \quad (4-23)$$

式中,$\bar{G}_0 = G_0\sum_p \bar{a}_p^{\,2}$,$\Delta G = -G_0\sum_p \bar{a}^2\frac{k}{\bar{l}_p}\Delta l_p$,$\Delta G(t) \ll \bar{G}_0(t)$,$g(t) = 10\lg G(t)$。因此,由于 $\Delta G(t)$ 是 Δl_p 的级数求和,若路径增益 Δl_p 呈正态分布,信道功率增益呈对数正态分布,方差 $\sigma_{\Delta G}^2 = G_0^2\sum_p \bar{a}^4_p(\frac{k}{\bar{l}_p})^2\sigma_{\Delta l_p}^2$。

4.3.2 自相关函数的傅氏变换计算信道功率增益的功率谱密度

由式(4-23)得,$\Delta g(t) = \frac{\Delta G}{G_0}10\lg e$,$\sigma_{\Delta g}^2 = \frac{(10\lg e)^2}{G_0^2}\sigma_{\Delta G}^2$,给定距离 d 时,$\Delta g(t)$ 的自相关函数 $R_{\Delta g}$ 可通过式(4-24)解得。继而求解 $R_{\Delta g}$ 的傅里叶变换得到功率谱密度。为对 $\Delta g(t)$ 进行预测,需要求解式(4-26)AR 模型模型参数 ρ_g,可以通过式(4-25)估计,长度 L 应该与 ρ_h 相关。

$$R_{\Delta g}(lt_s) = \frac{1}{N}\sum_{n=0}^{N-1}\Delta g(nt_s+lt_s)\Delta g(nt_s) \quad (4-24)$$

$$R_{\Delta g}(lt_s) = \sigma_{\Delta g}^2 \cdot \rho_g^{|l|}, \quad \rho_g = \frac{1}{L}\sum_{l=1}^{L}\left[\frac{R_{\Delta g}(lt_s)}{R_{\Delta g}(0)}\right]^{\frac{1}{l}} \quad (4-25)$$

$$\Delta g(t+t_s) = \rho_g \Delta g(t) + w(t) \tag{4-26}$$

4.3.3 基于最小二乘拟合计算信道功率增益的概率密度函数

为了求解信道的概率密度函数,需要首先减去时变局部平均,然后估计剩余部分组成的概率密度函数。局部平均的求解很大程度上依赖时变平均窗长度的选取,以确保剩余部分估计的概率密度随着时间变化为常数。所以信道增益时变越快,窗长度越小。并且描述每条路径的信道增益过程的局部平均不同,选取的窗长不同,很大程度上取决于该路径的相干时间的估计。本部分基于最小二乘拟合算法对局部时变均值 $\bar{g}$ 估算,从而建立信道功率增益的概率密度函数。局部平均 $\bar{g}$ 随接收距离 d 变化,将 $\bar{g}$ 拟合为式(4-27)多项式表示,测量 I 种不同距离 $d_i, i=1,2,\cdots,I$ 的信道功率,每个距离 d_i 进行 M 次蒙特卡罗实验,得到

$$g_m[d_i], m=1,2,\cdots,M \qquad \bar{g}(d_i) = a + b \cdot 10\lg d_i \tag{4-27}$$

$$\left.\begin{aligned}
\tilde{\bar{g}}(d_i) &= \frac{1}{M}\sum_m g_m(d_i) \\
a &= \frac{1}{I}\sum_i \tilde{\bar{g}}(d_i) - b\frac{1}{I}\sum_i 10\lg d_i \\
b &= -\frac{\sum_i \tilde{\bar{g}}(d_i) \cdot 10\lg d_i - \frac{1}{I}\sum_i 10\lg d_i \cdot \sum_i \tilde{\bar{g}}(d_i)}{\sum_i (10\lg d_i)^2 - \frac{1}{I}(\sum_i 10\lg d_i)^2}
\end{aligned}\right\} \tag{4-28}$$

4.4 时变水声信道仿真

根据表4-1系统参数和图4-9所示声速剖面,对信道环境参数进行配置,环境参数设置可以通过编程更新,也可以通过文本编辑软件直接改写。信道参数包括:水深为 100 m,发射器深度为 20 m,接收器深度为 50 m,信道距离为 1~2 km,扩展因子为 1.7,水中声速为 1 500 m/s,底质声速为 1 200 m/s,最低频率为 14.5 kHz 和 10 kHz,信道带宽为 15 kHz,频率分辨率为 25 Hz,测量时间间隔为 5 ms,总的仿真信号持续时间为 30 s,信道距离变化范围为 1~2 km,表面高度大尺度变化的标准差为 1 m²,一阶 AR 模型参数 $\rho_h = 0.6$。利用第 4.1 节介绍的声学工具箱,使用 Bellhop 对各路径信道系数和延迟进行计算。系统参数配置如图 4-10 所示。

表 4-1 系统参数设定

中心频率	15 kHz	换能器距水面位置	20 m
带宽1/带宽2	1 kHz/10 kHz	水听器距水面位置	50 m
扩展因子	1.7	接收距离	1~2 km
软边界水底声速	1 200 m/s	水深	100 m
密度	1.8×10^3 g/cm³	表面高度变化方差	1 m²
信道测量时间	30 s	一阶 AR 模型参数 ρ_h	0.6
信道测量时间间隔	0.005 s	频率分辨率	25 Hz

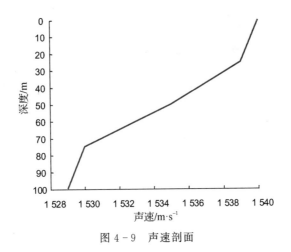

图 4-9 声速剖面

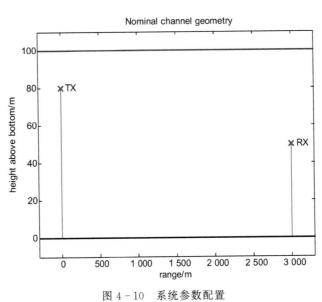

图 4-10 系统参数配置

4.4.1 信道系数与系统带宽关系

图 4-11 所示为测量 30 s 前 3 条主要能量携带路径,相对直达路径时延分别为 0 ms、0.84 ms、7.4 ms 的信道测量结果,P_0、P_s、P_b 分别代表直达波、海面一次反射、海底一次反射。左图信道带宽为 1 kHz,由于直达路径和海面反射路径的信道冲击响应时间分辨率差,信道系数重叠。图 4-11(b) 为 10 kHz,可以被明显区分。

4.4.2 信道功率增益的概率密度函数

表面高度变化引起路径长度增量,且遵循 1 阶 AR 模型,偏置方差为 1 m²,接收距离在表 1 的变化区间 1~2 km 内按步长 50 m 递增,每个距离做 200 次蒙特卡罗,仿真信道带宽分别为 1 kHz/10 kHz 时信道功率增益的概率密度函数。

第 4 章 基于 AR 模型的时变水声信道统计分析

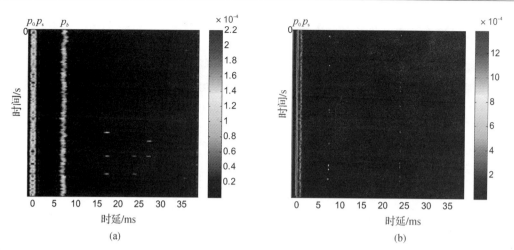

图 4-11 测量时间 30 s 期间,1 kHz(a)/10 kHz(b)带宽,时延 0 ms、0.84 ms、7.4 ms 路径对应的信道系数

图 4-12 为局部平均与对数距离的关系,虚线为均值,实线为最小二乘拟合局部平均,每个距离对应 200 次测量,在局部平均附近波动,每个距离处局部平均不同,呈负线性相关。图 4-13 为减去局部平均后的高斯分布直方图统计,图 4-12(a)为带宽为 1 kHz 波动方差,$\sigma^2_{\Delta g}=6.53$,图 4-12(b)为 10 kHz 波动方差,$\sigma^2_{\Delta g}=0.604$,可见带宽越宽,方差越小。

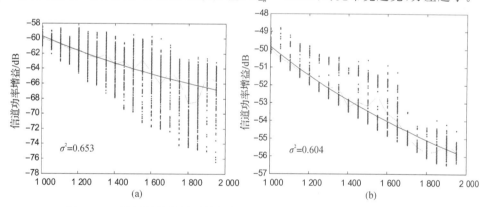

图 4-12 局部平均 $\bar{g}$ 随对数距离 d 的变化,1 kHz(a)/10 kHz(b)带宽

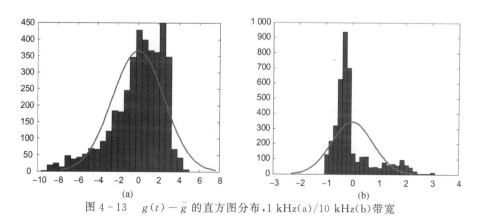

图 4-13 $g(t)-\bar{g}$ 的直方图分布,1 kHz(a)/10 kHz(b)带宽

4.4.3 信道功率增益的自相关函数

表面高度变化会带来海面反射路径长度变化,从而引起信道时变,对 Bellhop 模型输出的信道加入时延修正,由表 1,表面高度变化方差 1 m²,AR 模型参数为 0.6,测量距离为 1 km,观测时间为 60 s,观测间隔为 0.05 s,共 1 200 个记录,采用分段叠加法,分段长度为 20,重叠 50%,采用式(4-24)计算自相关函数,如图 4-14 实线,时变信道功率增益也可以用 AR 模型预测,如虚线所示,与实际测量值一致。

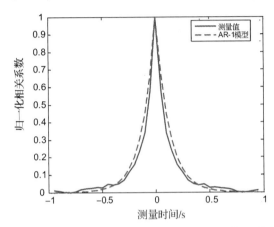

图 4-14　$\Delta g(t)$ 的自相关函数和 1 阶 AR 模型预测

4.5　本 章 小 结

在经典射线声学中,射线传递声能量,从声源发出的声线按一定的路径到达接收点,接收的声能是所有到达声线的叠加,由于声线都有一定的路径,相应的有一定的达到时间和强度,波束追踪仿真软件 Bellhop 可以给出理想信道下的声压场结构、射线传播曲线、声场多径到达结构等。换能器和水听器的布放偏置波动、存在的运动,接收距离的偏移,海面受风和浪的影响,海水内部受内波和紊流等大尺度和小尺度效应都会引起路径长度变化,从而造成信道的时变。本章根据信道频响函数的频率依赖衰减、海面海底反射次数衰减等声传播物理特性,仅考虑位置的不确定性和表面波浪的变化等大尺度效应引起的路径长度的时变、理论分析和仿真验证信道功率增益随通信带宽和通信距离的关系。由于实验部署和信号类型及观察信道时间的不同,大尺度传播损失和小尺度路径增益的分布和自相关函数至今没有定论,通常采用 AR(1)模型对无线衰落信道的时变特性进行辨识,因此在理想信道模型基础上,将引起路径长度时变的随机变量建模为 1 阶 AR 高斯模型,多径结构中每条声线行走的路径将叠加路径变量随机变量。

信道功率增益反映了信道对发射功率的影响,在通信中如果可以在相邻码元间实现功率预测,可以根据信道增益的变化自适应的节约发射功率或节约发射带宽。其次在声呐方位历程显示中,前后帧波束输出功率的概率密度和相关性同样受信道增益的影响,通过前后帧的功率输出相关特性可以采用先预测、后修正的思想对声呐显示做后置处理,可以得到额外的信噪比增益。在一定布放偏置下,水面波高变化对信道路径长度带来时变影响,信道功率增益符合对数正态分布,可以表示为局部平均和高斯部分之和,其中局部平均与对数距离负线性相关,高斯部分方差与路径长度变化方差、信道带宽、频率相关衰减因子有关,带宽越宽,方差越小。信道功率增益也遵循1阶 AR 高斯模型,通过对各路径时延进行修正减去局部均值,估计高斯部分自相关函数可以求得模型参数,仿真验证了这一结论。采用最小二乘拟合对信道功率增益做局部平均,从而对时变水声信道概率密度函数进行估计。通过计算信道功率增益自相关函数可以估计模型参数,从而为信道预测提供可能。

本章虽然初步得出一些结论,但时变模型仅考虑了大尺度变化的表面高度变化情况,并未对大尺度变化中的发射器和接收器深度时变、小尺度变化中的发射器和接收器漂移、运动速度、底质变化、微路径个数等进行建模,后续应该综合考虑这些时变因素进行修正,已有一些文献对时变水声信道建模中加入了对这些参量的时变影响,将其均建模为 AR(1) 模型,其准确性也对信道功率增益的预测影响很大。

参 考 文 献

[1] 姜喆,王海燕,赵瑞琴. 水声稀疏信道估计与大范围自适应平滑预测研究[J]. 西北工业大学学报,2012,32(10):844-851.

[2] 刘伯胜,雷佳煜. 水声学原理[M]. 哈尔滨:哈尔滨工程大学出版社,2010.

[3] RADOSEVIC A,DUMAN T M,PROAKIS J G. Channel prediction for adaptive modulation in underwater acoustic communications [C]//Proc IEEE Oceans'11 Europe conference, Santander, New York:IEEE, 2011.

[4] Li W, PREISIG J. Estimation of rapidly time-varying sparse channels [J]. IEEE J. Ocean. Eng., 2007, 32(4): 927-939.

[5] STOJANOVIC M. Underwater acoustic communications: design considerations on the physical layer [C]// IEEE/IFIP Fifth Annual Conference on Wireless On demand Network Systems and Services (WONS). New York:IEEE,2008.

[6] PREISIG J C. Performance analysis of adaptive equalization for coherent acoustic communications in the time-varying ocean environment [J]. J. Acoust. Soc. Amer., 2005, 118(1):267-278.

[7] CHITRE M. A high-frequency warm shallow water acoustic communications channel model and measurements [J]. J. Acoust. Soc. Amer., 2007, 122(5):2580-2586.

[8] QARABAQI P, STOJANOVIC M. Modeling the large-scale transmission loss in underwater acoustic channels [C]// Proc. 49th Annu. Allerton Conf. Commun. Control Comput., Monticello, IL, USA:IEEE,2011, 445-452.

[9] PorterM B, "Bellhop code". Available: http://oalib.hlsresearch.com/rays/index.html.

[10] RADOSEVIC A, PROAKIS J G. Statistical characterization and capacity of shallow water acoustic channels [C]// Proc. IEEE oceans'09 conference, Bremen:

IEEE,2009.

[11] QARABAQI P, STOJANOVIC M. Statistical modeling of a shallow water acoustic communication channel [C]// Proc. underwater acoustic measurements conference, Nafplion:New York:IEEE,2009.

[12] QARABAQI P, STOJANOVIC M. Statistical characterization and computationally efficient modeling of a class of underwater acoustic communication channels [J]. IEEE Journal of Oceanic Engineering,2013,38(4):701-716.

[13] 马典军,葛万成. 基于统计自回归模型的时变信道均衡[J].电子技术,2010,37(12):62-64.

[14] AHMED R, STOJANOVIC M. Adaptive power control for underwater acoustic communications [C]// Oceans 2011 IEEE - Spain,New York:IEEE,2011.

第5章　方位历程显示图后置处理

被动声呐系统通常采用时间方位历程图来对目标信号进行检测和跟踪[1-2]，时间方位历程图是信号处理模块和显控模块之间最重要的界面，声呐处理系统的增益很容易在不同的信号处理模块接口处丢失。

5.1　背景均衡

背景均衡技术可以改善方位历程显示的总体性能。文献[2]提出了利用中值滤波和排序截断平均相结合的传统背景均衡方法。对于每一个多波束输出数据，取它本身和左右各 K 个数据作为均衡窗内的数据，将其进行排序，通过较大一半数据的平均值设定阈值，大于阈值的原数据予以保留，小于阈值的原数据置零，从而得到一批新的多波束数据。这种算法在信噪比较高情况下效果明显，但对于信噪比较低的情况，并不能有效识别出弱目标的轨迹，而且由于本舰强干扰的存在，会造成数据的动态范围过大，不利于声呐的显示。文献[3]利用可变长的窗口匹配不同主瓣宽度的波束图，以一个时刻所有多波束数据的均值为标准，分别对弱目标和强目标的峰值幅度进行调整，但是只给出调整因子的选取范围。采用文献[4]提出的 OTA(Order Truncate Average)背景均衡算法或其改进算法需要人工结合波束数目和波束号尝试设置均衡窗长和动态因子，一旦参数设置不合适，将会影响均衡效果。窗长一般选取大于两倍的主瓣宽度。但窗长不宜过长，否则计算任务加大，而且若平台自噪声很强，目标和干扰相距较近，弱小目标也会被从显示的图像中去除。而 K 值太小时，竖直的干扰条纹会增多，这些条纹实际是本舰干扰的旁瓣，不利于目标的识别，同时信号的整体幅度严重下降。文献[5][6]利用空间谱上目标信号入射方位对应的峰值与其两侧的谷值之间的差值较大，且峰值与两侧相邻谷值的差值基本相同，而背景噪声形成的峰值，由于舰船辐射自噪声的近场特性以及海洋环境噪声的随机性，往往不具有这样的特征。对所有峰值领域窗口内的数据移除局部中值并归一化[7]，统一各窗口中数据的背景噪声级。再调整窗口内数据的比例因子得到均衡后新的空间谱数据。窗口长和比例因子选取有明确的定义，且有一定的改善效果。

5.2　背景均衡后置处理

5.1节介绍的背景均衡算法的主要目的是去除成片的干扰，却使成片干扰上的小尖峰得到保留。但是有些弱小目标的峰值很低,基本和一些噪声的峰值相同,传统的背景均衡算法虽然将这些小尖峰都保留下来,但是由于幅度较低,且有其他幅度相近的小尖峰的干扰,即二维野值[8-9]。但由于信号的连续性,会在方位历程图上形成一条连续的轨迹,而由于噪声的随机性,并不能形成连续轨迹,因此可以根据显示的连续性来区分目标,下面仿真并讨论背景均衡后采用矩形窗中位数滤波结合能量门限提高目标识别能力的方法。

仿真条件:阵间距为 8 m,32 元阵,目标为线谱信号加宽带连续谱信号,线谱频率为 90 Hz,目标从 45°运动到 135°,背景噪声为带限高斯白噪声。线谱高出连续谱 13 dB,信噪比为 −26 dB,滤波器带宽为 60~300 Hz。图 5-1 为未均衡前的方位历程图;图 5-2 为背景均衡的处理效果,均衡长度为 21 个点,均衡系数为 1.05。对图 5-2 中背景均衡后的每一行数据只处理极大值点,对非极大值点显示置 0。对极大值点,计算与背景噪声的倍数,倍数大于一定系数的极大值点为初步有效样本,排序取前 3 个最大值为最终极大值点,处理后的显示效果如图 5-3 所示。图 5-4 是对图 5-2 的每个点加 3×3 矩形窗,并对窗内 9 个数进行降序排序后取中值的结果。对图 5-4 进行进一步处理,保留大于最大值 1/2 的输出,结果如图 5-5 所示。矩形窗中位数滤波结合能量门限的方法仍适用于信噪比相对较高的情况下。

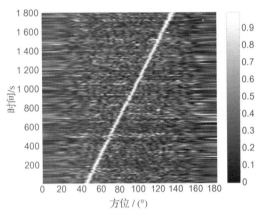

图 5-1 未均衡处理的方位历程图

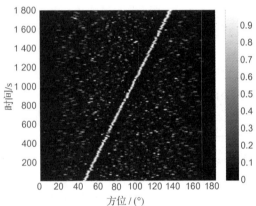

图 5-2 背景均衡后的方位历程图

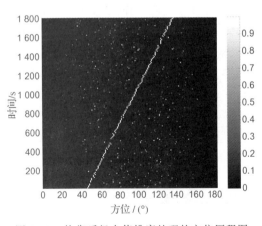

图 5-3 均衡后极大值排序处理的方位历程图

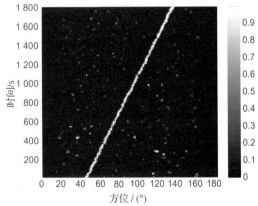

图 5-4 矩形窗中位数滤波方位历程图

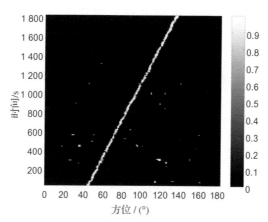

图 5-5 矩形窗中位数滤波+能量门限判决方位历程图

5.3 二维背景均衡算法

传统背景均衡没有充分利用历史数据,仅仅处理当前历元的输出。由于水下目标运动方向变化缓慢,而伪峰的方位变化是随机的,针对此特征,本节介绍二维背景均衡算法。

5.3.1 二维背景均衡

假设波束输出记为 $X(m,n)$,m 代表时间序号,n 代表波束号。首先,采用迭代下式垂直滤波滤除随机伪峰。

$$\hat{X}(m,n)=\hat{X}(m-1,n)+\alpha[X(m,n)-\hat{X}(m-1,n)] \quad (5-1)$$

式中,$\hat{X}(m-1,n)$ 是 $m-1$ 时刻第 n 号波束的输出估计值,α 是更新因子,与目标的运动速度有关,目标运动越快,α 取值越大。然后,修正 $m-1$ 时刻的输出,考虑到目标主波束宽度恒定,相邻历元目标波束的幅度变化相对较小,运动方向变化缓慢,分为向右、向左、垂直三种状态,而背景噪声残留野值尖峰变化随机。采用矩形窗判别滤波算法,滤波临域选取如图 5-6 所示。

$(m,n-1)$	(m,n)	$m,n+1$
$(m-1,n-1)$	$(m-1,n)$	$m-1,n+1$
$(m-2,n-1)$	$(m-2,n)$	$m-2,n+1$

图 5-6 矩形窗领域

$$X_1(m-1,n)=\frac{[X(m,n-1)+X(m-1,n)+X(m-2,n+1)]}{3} \quad (5-2)$$

$$X_2(m-1,n)=\frac{[X(m,n)+X(m-1,n)+X(m-2,n)]}{3} \quad (5-3)$$

$$X_3(m-1,n) - \frac{[X(m,n+1)+X(m-1,n)+X(m-2,n-1)]}{3} \quad (5-4)$$

滤波输出为

$$Y(m-1,n) = \max[X_1(m-1,n), X_2(m-1,n), X_3(m-1,n)] \quad (5-5)$$

5.3.2 仿真验证

阵间距为 8 m,32 元阵,目标为线谱加宽带连续谱信号,在 0～40°有一宽带强干扰,目标在 100°附近缓慢运动,背景噪声为带限高斯白噪声,线谱高出连续谱 13 dB,信噪比为 −31 dB,滤波器带宽为 60～300 Hz。由于相对低的信噪比,单帧波束形成输出已经不能实现检测,如图 5-7 所示。而传统背景均衡算法可以抑制成片干扰,却在方位历程图中带来很多野值点,如图 5-8 所示。适当的调整 α 可以去掉野值点,如图 5-9 所示。

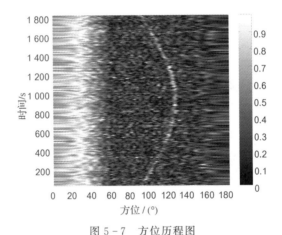

图 5-7 方位历程图

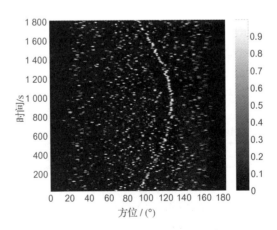

图 5-8 传统背景均衡方位历程图结果

第 5 章 方位历程显示图后置处理

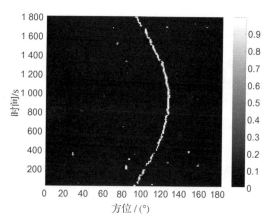

图 5-9 二维背景均衡后置处理的方位历程图结果

5.3.3 实验数据处理

本节采用 5.3.1 节的方法处理 2012 年 4 月的某次海试数据,实验数据长度为 2 200 s,所用采样频率为 20 kHz,滤波器带宽为 50~100 Hz,图 5-10 是常规波束形成的方位历程结果,图 5-11 中常规背景均衡消除了图 5-10 中成片的干扰,但是造成了雪花状的突起,影响视觉效果。对图 5-11 中的每一行数据只处理极大值点,对非极大值点显示置 0。对极大值点,计算与背景噪声的倍数,倍数大于一定系数的极大值点为初步有效样本,排序取前 3 个最大值为最终极大值点,背景均衡处理后加 3×3 矩形窗中位数滤波的显示效果如图 5-12 所示。图 5-13 是对图 5-11 进行 3×3 矩形窗均值滤波后背景均衡的显示结果。在图 5-13 处理结果基础上再进行矩形窗中位数滤波的显示结果如图 5-14 所示。对图 5-10 常规波束形成结果加 3×3 矩形窗,按式(5-2)~式(5-5)进行,排序取最大输出,作为有效样本点,再进行常规背景均衡处理显示结果如图 5-15 所示。将图 5-15 进行 3×3 矩形窗中位数滤波处理后的结果如图 5-16 所示。图 5-17 是采用二维背景均衡的显示结果,α 取值为 0.3 左右最佳。可见二维背景均衡算法对于改善雪花状伪峰有很好的效果。

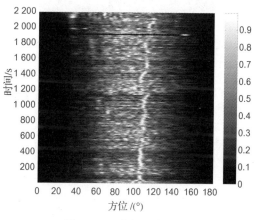

图 5-10 常规波束形成

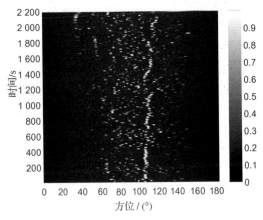

图 5-11　常规背景均衡算法

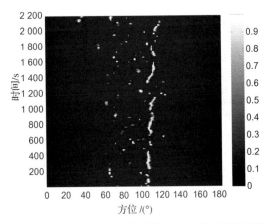

图 5-12　极大值排序＋背景均衡＋矩形中位数滤波

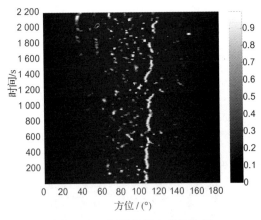

图 5-13　矩形均值＋背景均衡

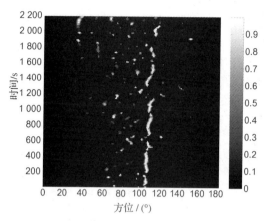

图 5-14　矩形均值＋背景均衡＋中位数滤波

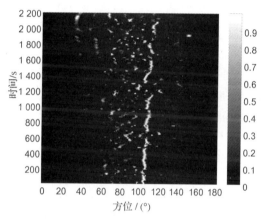

图 5-15　矩形均值排序＋背景均衡

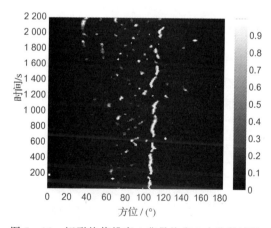

图 5-16　矩形均值排序＋背景均衡＋中位数滤波

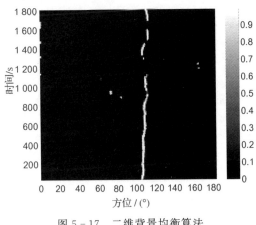

图 5-17 二维背景均衡算法

5.4 波束域 Kalman 滤波和背景均衡联合处理

通过分频带波束域提取处理,方位历程图各时刻(横向)输出同时保留目标和干扰的方位信息,背景功率较高且存在起伏,背景均衡算法结合中值滤波和阈值比较在去除大范围起伏的同时可以压低背景噪声,改善显示效果。常规波束域背景均衡后,方位历程图中会留下大量的伪峰或轨迹断裂的情况,仍需要进一步处理。由于海洋环境背景噪声的非平稳性,由第 3 章可知,对方位历程某一输出时刻,各方位区间波束输出由分频带方位统计方差和功率特征决定,所以相邻时刻(纵向)的波束域输出可能不是同一个频带的结果,即使目标或干扰方位稳定,输出的所在方位区间波束输出也存在起伏,但这些方位上相邻时刻附近的预成波束上的输出相关性强,可以通过 Kalman 滤波进行纵向处理,同时平滑横向背景均衡后残留的野值点[10]。

5.4.1 横向背景均衡算法

将分频带波束域提取后的 L 个波束输出表示为 $P(\theta_1), P(\theta_2), \cdots, P(\theta_L)$,然后消除数据的边缘效应。选择窗长为 $2W+1$,由于多波束系统的波束分布十分密集,也就是说空间谱具有局部的连续性。可以将端点单侧的 W 点数据对称扩展到另一侧,以此消除边缘效应,扩展后的数据为

$$P(\theta_{W+1}), \cdots, P(\theta_2), P(\theta_1), P(\theta_2), \cdots, P(\theta_L), P(\theta_{L-1}), \cdots, P(\theta_{L-w})$$

将上式重新表示为

$$P'(1), P'(2), \cdots, P'(L+2W)$$

波束域背景均衡只针对 $P'(W+1)$ 到 $P'(W+L)$ 中的数据来做。将窗口中数据 $P'(i)$ 到 $P'(2W+i), i=1,2,\cdots,L$ 按从小到大排列得到

$$y(1), y(2), \cdots, y(2W+1)$$

中位数为 $y(W+1)$,序列 $y(W+1), \cdots, y(2W+1)$ 的截断平均值为

$$\bar{y} = \frac{1}{W+1} \sum_{m=1}^{W+1} y(W+m) \tag{5-6}$$

由 $\bar{y}$ 确定阈值 $y_0 = \alpha \bar{y}$，α 为调节拒收数据门限的参数，最后对 $y(W+i)$ 修正，得到

$$Z(\theta_i) = \begin{cases} 0 & P'(W+i) < y_0 \\ P'(W+i) - \bar{y} & 其他 \end{cases} \tag{5-7}$$

对 $P'(W+i)$ 中的每个数据进行上述运算得到一行新数据 $Z(\theta_i), i=1,2,\cdots,L$，也就是 BTR 中的某一时刻观测数据。

5.4.2 纵向波束域 Kalman 滤波模型

5.4.1 节中背景均衡后 BTR 第 k 时刻 θ_i 方位波束域输出记为 $Z_k(\theta_i), i=1,2,\cdots,L$，采用先验知识未知的线性 Kalman 信号模型，观测方程和状态转移方程，分别为

$$\left. \begin{aligned} \boldsymbol{Z}_k(\theta_i) &= \boldsymbol{H}\boldsymbol{S}_k(\theta_i) + \boldsymbol{N}(\theta_i) \\ \boldsymbol{S}_k(\theta_i) &= \boldsymbol{A}\boldsymbol{S}_{k-1}(\theta_i) + \boldsymbol{U}(\theta_i) \end{aligned} \right\} \tag{5-8}$$

式中，$\boldsymbol{S}_k(\theta_i)$ 为 k 时刻状态向量，$\boldsymbol{H}$ 为状态向量到观测向量的转移矩阵，$\boldsymbol{A}$ 为状态转移矩阵，$\boldsymbol{N}(\theta_i)$ 和 $\boldsymbol{U}(\theta_i)$ 都是独立的零均值高斯白噪声，$\boldsymbol{N}(\theta_i)$ 为观测噪声，其协方差矩阵为 $\boldsymbol{R}(\theta_i)$。$\boldsymbol{U}(\theta_i)$ 为状态噪声，其协方差矩阵为 $\boldsymbol{Q}(\theta_i)$。基于上述模型的传统 Kalman 滤波的递推公式为

$$\left. \begin{aligned} \hat{S}_{k|k-1}(\theta_i) &= \boldsymbol{A}\hat{S}_{k-1|k-1}(\theta_i) \\ \boldsymbol{M}_{k|k-1}(\theta_i) &= \boldsymbol{A}\boldsymbol{M}_{k-1|k-1}(\theta_i)\boldsymbol{A}^{\mathrm{T}} + \boldsymbol{Q}(\theta_i) \\ \boldsymbol{G}_k(\theta_i) &= \boldsymbol{M}_{k|k-1}(\theta_i)\boldsymbol{H}^{\mathrm{T}}[\boldsymbol{R}(\theta_i) + \boldsymbol{H}\boldsymbol{M}_{k|k-1}(\theta_i)\boldsymbol{H}^{\mathrm{T}}]^{-1} \\ \hat{S}_{k|k}(\theta_i) &= \hat{S}_{k|k-1}(\theta_i) + \boldsymbol{G}_k(\theta_i)[\boldsymbol{Z}_k(\theta_i) - \boldsymbol{H}\hat{S}_{k|k-1}(\theta_i)] \\ \boldsymbol{M}_{k|k}(\theta_i) &= [\boldsymbol{I} - \boldsymbol{G}_k(\theta_i)\boldsymbol{H}]\boldsymbol{M}_{k|k-1}(\theta_i) \end{aligned} \right\} \tag{5-9}$$

式中，对 θ_i 方位，$\boldsymbol{G}_k(\theta_i)$ 为 Kalman 增益，$\hat{S}_{k|k}(\theta_i)$ 为 k 时刻真实状态 $\boldsymbol{S}_k(\theta_i)$ 的估计值，$\hat{S}_{k|k-1}(\theta_i)$ 为 k 时刻 $\boldsymbol{S}_k(\theta_i)$ 的预测值，$\boldsymbol{M}_{k|k}(\theta_i)$ 为估计误差协方差矩阵，$\boldsymbol{M}_{k|k-1}(\theta_i)$ 为预测误差协方差矩阵，k 时刻滤波后的波束域输出为 $\hat{S}_{k|k}(\theta_i)$。

5.4.3 实验数据处理

实验数据为 2011 年千岛湖湖试记录，实验采用 32 元水平拖曳线列阵，相邻阵间距为 8 m，端射方向为 0°方向。模拟两个线谱目标，第一个水下目标包含 69 Hz 和 77 Hz 高强度线谱从 100°向 130°缓慢运动；第二个线谱目标在 70°附近缓慢运动，其连续谱位于小于 60 Hz 的低频段，线谱成分 82 Hz 左右。采样频率为 20 kHz，积分时间为 1 s。每 10 s 统计一次作为一帧的波束输出。为了处理方便，接收数据被 10 倍降采样而且滤波带宽为 40~100 Hz。

总的观察时间约为 12 min。BTR 方位历程图的横轴代表目标相对于舰艇的角度，纵轴代表观察时间。至少 3 个目标可以被发现，根据以往经验，第一个位于 20°~40°方向的强干

扰为舰船自噪声,另外有一干扰在145°方向上缓慢运动。第三个宽带干扰在95°左右,在6 min左右开始增加辐射噪声。图5-18所示为常规能量积分处理结果。由于空间谱泄露,背景噪声相对较高,在300 s之前,这两个线谱目标都不能很清楚地检测到。通过使用方位稳定性融合方法,图5-19显示宽带干扰轨迹依然可以检测到,然而在70~120 s,只有69 Hz线谱目标被检测到,在120~210 s期间,只有82 Hz线谱目标被检测到。在0~70 s和210~270 s期间,由于信干比小,宽带干扰所有频带累积的方位统计方差比线谱频带累积的方位统计方差相比大很多,造成这两线谱目标都漏检。因此强宽带干扰的存在会是方位稳定线谱检测算法失效。图5-20显示了采用Kalman纵向滤波的平滑结果。图5-21显示大片的宽带舰艇自噪声可以通过水平背景均衡去掉,同时压低背景噪声,但同时带来雪花状目标轨迹的残留。

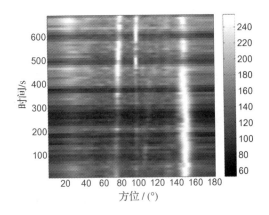

图5-18 宽带能量积分处理的方位历程显示

图5-22显示宽带能量积分分析后经过水平背景均衡和纵向Kalman二维滤波的结果,与图5-18对比,目标轨迹更加清晰,背景变得更加干净,也没有雪花状轨迹残留,但目标仍不能有效检测。

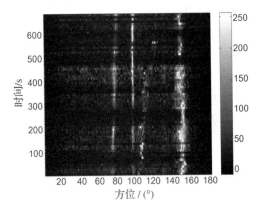

图5-19 方位稳定性算法处理的方位历程显示

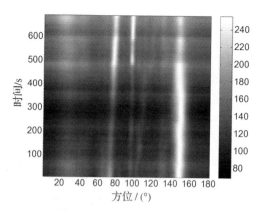

图 5-20　宽带能量积分处理后经过 Kalman 纵向滤波的方位历程显示

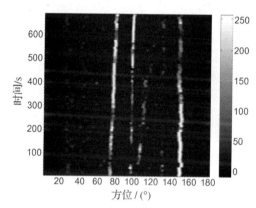

图 5-21　宽带能量积分处理后经过水平背景均衡的方位历程显示

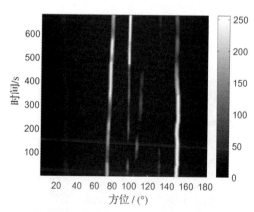

图 5-22　宽带能量积分处理后经过二维滤波后的方位历程显示

接下来采用分频带分方位区间提取算法,根据第 3.7.3 节,将整个方位分成 4 份,不同的子带波束输出提取结果如图 5-23 所示,根据表 3-2 和图 3-3、图 3-4 中窄带线谱检测的高信噪比增益及图 3-7 中临界谱级比要求,可以看出,在第 3 个方位区间,69 Hz 弱线谱目标的波束输出提取出来,同时输出背景噪声同样很低。第 2 个方位区间,82 Hz 线谱目标也被提取出来。需要指出的是,不可避免的,在有些情况下,方位估计方差失效。在 450 s 之后的一些帧输出,第 3 个方位区间,69 Hz 线谱目标漏检,因为另有一干扰和目标出现在同一个方位区间,此算法在一个方位区间内只能提取一个线谱目标。因为 82 Hz 目标辐射包含连续谱成分,比较图 5-19 和图 5-23,可以推出宽带能量积分检测在第 2 个方位区间与窄带线谱检测效果相当。因为每一帧被选择输出的频带都不同,但方位估计不变,用两种算法输出的背景级相当。相反,在 69 Hz 目标所在的第 3 个方位区间,由于目标辐射噪声中的高谱级线谱以及窄带线谱检测的高处理增益,对每一帧,线谱频带的波束输出被提取出来,背景被压低,窄带检测在此方位区间较宽带检测性能更佳。

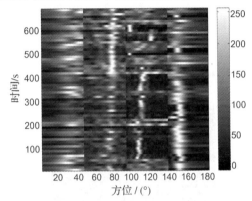

图 5-23　分频带分方位区间波束域提取的方位历程显示

由于第 3 个方位区间,每一帧提取相同频带的波束输出结果,其纵向相关性较强。第 2 方位区间,每一帧提取不同频带的波束输出结果,其纵向波动性很明显,所以后置处理很有必要。图 5-24 显示只经过 Kalman 滤波的结果,它引入了模糊。图 5-25 显示只经过水平背景均衡的结果,去除了模糊,带来了雪花状干扰和轨迹断裂。图 5-26 显示经过二维后置处理,即水平背景均衡和纵向 Kalman 滤波的分频带分方位区间提取方法的结果。可见一维的后置处理不能达到干净背景,同时不丢失目标的效果。二维后置处理可以进一步改善检测结果的显示效果。

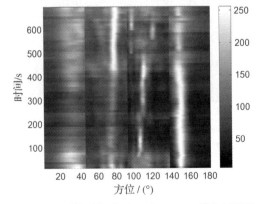

图 5-24　分频带分方位区间波束域提取后经过 Kalman 纵向滤波处理的方位历程显示

第 5 章　方位历程显示图后置处理

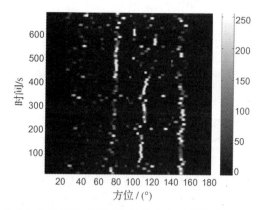

图 5-25　分频带分方位区间波束域提取后经过水平背景均衡处理的方位历程显示

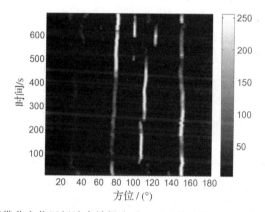

图 5-26　分频带分方位区间波束域提取后经过二维滤波后置处理的方位历程显示

5.5　本章小结

本章主要阐述了水声数据处理中方位历程显示后置处理方法，进一步提出常规背景均衡后矩形窗中位数滤波结合能量门限改善方位历程显示的方法。结合目标运动特性，提出的二维背景均衡算法在低信噪比下，明显改善方位历程图的显示效果，阐述了波束域 Kalman 纵向滤波与横向背景均衡二维联合修正的后置处理算法，改善了一维背景均衡处理带来的方位历程显示雪花状干扰问题，并且提出了起伏海洋环境信道遵循相应统计规律，若可以对线谱频带和噪声频带的波束域输出进行预测，那么二维联合修正的后置处理算法可进一步提高检测性能。

参 考 文 献

[1] CARTER G C, STRUZINSKI W A. sonar display system and method [P]. USA:

US20030337823A1,2003.

[2] 李启虎,潘学宝,尹力. 数字声呐中一种新的背景均衡算法[J]. 声学学报,2000,25(1):6-9.

[3] 刘兴华,李淑秋,李宇. 声呐显示中一种新的背景均衡算法[C]// 北京:中国声学学会. 2005:171-173.

[4] STRUZINSKI W A, LOWE E D. A performance comparison of four noise background normalization schemes proposed for signal detection systems [J]. J. Acoust. Soc. Am. 76(6):1738-1742.

[5] 王晓宇. 被动声呐宽带显示方法和测向技术研究[D]. 西安:西北工业大学,2009.

[6] 王晓宇,杨益新. 一种新的宽带声呐波束域背景均衡方法[J]. 航海工程,2009,38(5):181-185.

[7] JOO J H, JUM B D. The performance test of the background noise normalization in the narrow band detection [A]. UDT Europe[C],2006.

[8] BAO X Z, CHENG X H, LI Q H. New algorithm for background equalization of bearing/time digital sonar display [C]// 1st international conference and exhibition on underwater acoustics. Greece,:[s.n.],2013,261-266.

[9] UMASUTHAN M, WALLACE A M. Outlier removal and discontinuity preserving smoothing of range data[J]. IEEE proc.-vis. Image signal process.,1996,143(3).191-200.

[10] DAI W S, ZHENG E M, BAO K K. A method of line spectrum extraction based on target radiated spectrum feature and its post-processing [J]. Journal of Systems Engineering and Electronics,2021,32(6):1381-1393.

第6章 基于声反射断层扫描成像的目标检测技术

合成孔径声呐(Synthetic Aperture Sonar,SAS)的基本原理同理合成孔径雷达,是利用小尺寸基阵做匀速直线运动形成虚拟大孔径,在运动轨迹的顺序位置发射并接受回波信号,对不同位置的回波信号进行相干处理,从而得到方位向的高分辨率[1-6]。合成孔径的工作方式包括条带式、聚束式等,距离向的高分辨率主要依靠脉冲压缩获得,方位向的高分辨率采用合成孔径原理。本章重点介绍常规合成孔径和基于声反射断层扫描目标检测技术成像基本原理,包括回波信号模型、理论分辨率、检测和成像算法等。

6.1 线合成孔径(SAS)目标分布函数重建原理

考虑一个静止目标区域,分布有一系列点反射器,坐标为$(x_n,y_n),n=1,2,\cdots$,反射系数为σ_n,如图6-1所示,变量x为距离域或者斜视域,变量y为方位域。声呐位于$(0,u)$照射目标区域,发射信号为宽带信号$p(t)$,声呐的辐射方向图认为是全向的,当$u \in (-\infty,\infty)$变化时,称为广义SAS模型,实际声呐运动限制在一定范围内,$u \in (-L,L)$。测量域回声信号是二维信号,即

$$s(t,u) = \sum_n \sigma_n p(t - \frac{2\sqrt{x_n^2 + (y_n-u)^2}}{c}) \qquad (6-1)$$

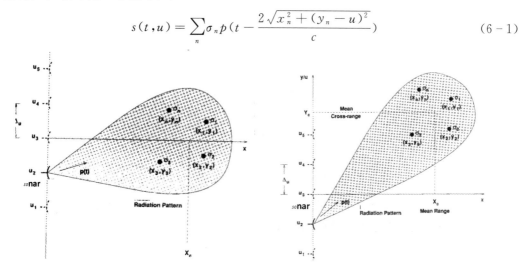

图6-1 SAS成像几何(a)边带模式(b)斜射模式

6.1.1 快时间域傅里叶变换

对广义 SAS 测量域信号 $s(t,u)$，对快时间 t 做 FFT 变换得

$$s(w,u) = P(w) \sum_{\sigma_n} e^{-j2k\sqrt{x_n^2+(y_n-u)^2}} \qquad (6-2)$$

式中，波数 $k = \dfrac{w}{c}$，信号带宽 $w \in [w_c - w_0, w_c + w_0]$，可见 SAS 信号在 (w,u) 域为球相位调制 PM 信号为。

6.1.2 慢时间域傅里叶变换

对慢时间域或合成孔径 u 域进行傅里叶变换，对于广义 SAS 模型，$u \in (-\infty, \infty)$，球 PM 信号对 u 的傅里叶变换为

$$F_u[e^{-j2k\sqrt{x_n^2+(y_n-u)^2}}] = e^{-j\sqrt{4k^2-k_u^2}\,x_n - jk_u y_n} \qquad (6-3)$$

式中，$k_u \in [-2k, 2k]$，该域为合成孔径频域或慢时间域或慢时间多普勒域，该方位域频率参数影响合成孔径平台在慢时间域的采样速率。因此，SAS 合成孔径信号为

$$S(w,k_u) = P(w)\sum_n \sigma_n e^{-j\sqrt{4k^2-k_u^2}\,x_n - jk_u y_n} \qquad (6-4)$$

6.1.3 球 PM 信号 $s(w,u)$ 和脉冲压缩信号 $s_c(w,u)$ 的多普勒谱带宽

实际的 SAS 系统，$u \in [-L, L]$，慢时域多普勒谱也为带通信号，对于某个目标 n 的 PM 回波信号 $s_n(w,u)$，多普勒谱中频率 $k_u(u)$ 随 u 变化，可由式(6-5)确定该目标所处的多普勒范围 $k_{un}(u) \in [2k\sin\theta_n(L), 2k\sin\theta_n(-L)]$，而对于所有目标区域 $(x,y) \in [X_c \pm X_0, Y_c \pm Y_0]$，$k_u(u) \in [2k\sin\theta_{\min}, 2k\sin\theta_{\max}]$，$(X_c, Y_c)$ 为目标区域中心，X_0, Y_0 为目标区域范围。

$$\begin{aligned} k_u(u) &= \frac{\partial}{\partial u}[-2k\sqrt{x_n^2+(y_n-u)^2}] \\ &= \frac{2k(y_n-u)}{\sqrt{x_n^2+(y_n-u)^2}} = 2k\sin\theta_n(u) \end{aligned} \qquad (6-5)$$

$$\begin{aligned} \theta_{\min} &= \arctan\frac{Y_c - Y_0 - L}{X_c} \\ \theta_{\max} &= \arctan\frac{Y_c + Y_0 + L}{X_c} \end{aligned} \qquad (6-6)$$

式中，中心频率近似为 $k_u = 2k\sin\theta_c$，$\theta_c = \arctan\dfrac{Y_c}{X_c}$。带宽近似为 $\pm 2k \dfrac{Y_0 + L}{X_c} \cos^2\theta_c$。

脉冲压缩技术可以减小方位向带宽，从而减小声呐发射脉冲的重复频率。选择球 PM 参考信号为目标区域中心的回波信号，记作 $s_0(w,u) = e^{-j2k\sqrt{X_c^2+(Y_c-u)^2}}$

$$\begin{aligned} s_c(w,u) &= s(w,u) s_0^*(w,u) \\ &\approx \sum_n \sigma_n e^{-j2k(r_n - R_c)} e^{j\frac{2k\cos\theta_c(y_n - Y_c)}{R_c}u} \end{aligned} \qquad (6-7)$$

式中,$r_n=\sqrt{x_n^2+y_n^2}$,$R_c=\sqrt{X_c^2+Y_c^2}$,脉冲压缩信号 $s_c(w,u)$ 在慢时间多普勒 k_u 域有

$$S_c(w,k_u)\approx\sum_n\sigma_n\mathrm{e}^{-\mathrm{j}2k(r_n-R_c)}\mathrm{sinc}\left[\frac{L}{\pi}(k_u-\frac{2k\cos\theta_c(y_n-Y_c)}{R_c})\right] \quad (6-8)$$

式(6-8)载有慢时间域目标位置相对于 Y_c 的坐标。根据 $y_n-Y_c\in[-Y_0,Y_0]$ 分析其带宽,可得脉冲压缩信号的带宽为 $k_u\in[-2k\cos\theta_c\dfrac{Y_0}{R_c},2k\cos\theta_c\dfrac{Y_0}{R_c}]$。

6.1.4 测量空间和目标分布函数的二维傅里叶变换间的映射关系

将式(6-4) $S(w,k_u)$ 通过空间频率映射 $k_x(w,k_u)=\sqrt{4k^2-k_u^2}$,$k_y(w,k_u)=k_u$ 重新写为

$$S(w,k_u)=P(w)\sum_n\sigma_n\mathrm{e}^{-\mathrm{j}k_x x_n-\mathrm{j}k_y y_n} \quad (6-9)$$

因为理想的空间目标分布函数为

$$f_0(x,y)=\sum_n\sigma_n\delta(x-x_n,y-y_n) \quad (6-10)$$

其二维空间傅里叶变换为

$$F_0(k_x,k_y)=\sum_n\sigma_n\mathrm{e}^{-\mathrm{j}k_x x_n-\mathrm{j}k_y y_n} \quad (6-11)$$

所以目标分布函数的二维傅里叶变换可表达为

$$S(w,k_u)=P(w)F_0[k_x(w,k_u),k_y(w,k_u)] \quad (6-12)$$

实际重建通过快速匹配滤波,即

$$S(w,k_u)P^*(w)=|P(w)|^2\sum_n\sigma_n\mathrm{e}^{-\mathrm{j}k_x x_n-\mathrm{j}k_y y_n}=F(k_x,k_y) \quad (6-13)$$

6.1.5 目标区域基带转换

在 SAS 系统中,目标是获得目标区域空间反射函数分布 $f(x,y)$,目标区域定义在 $x\in[X_c-X_0,X_c-X_0]$,$y\in[Y_c-Y_0,Y_c-Y_0]$ 中,以 (X_c,Y_c) 为中心,为使待重建 $f(x,y)$ 以 $(0,0)$ 对逆傅里叶变换前的 $F(k_x,k_y)$,以式(6-13)进行基带转换处理,得

$$\begin{aligned}F_b[k_x(w,k_u),k_y(w,k_u)]&=F(k_x,k_y)\mathrm{e}^{\mathrm{j}(k_x X_c+k_y Y_c)}\\&=S(w,k_u)P^*(w)\mathrm{e}^{\mathrm{j}[k_x(w,k_u)X_c+k_y(w,k_u)Y_c]}\\&=S(w,k_u)P^*(w)\mathrm{e}^{\mathrm{j}[\sqrt{4k^2-k_u^2}X_c+k_y(w,k_u)Y_c]}\end{aligned} \quad (6-14)$$

而在中心 (X_c,Y_c) 的单位反射器的参考回波信号 $s_0(t,u)=p(t-\dfrac{2\sqrt{X_c^2+(Y_c-u)^2}}{c})$ 的二维 FFT 为

$$S_0(w,k_u)=P(w)\mathrm{e}^{-\mathrm{j}\sqrt{4k^2-k_u^2}X_c-\mathrm{j}k_u Y_c} \quad (6-15)$$

因此基带目标分布函数的二维傅里叶变换可通过下式获得:

$$F_b[k_x(w,k_u),k_y(w,k_u)]=S(w,k_u)S_0^*(w,k_u) \quad (6-16)$$

6.2 线合成孔径声呐的数据获取和信号处理

本节介绍目标分布函数的数字化实现和信号处理算法。

6.2.1 样本的快时间域区间

对于广义斜射情况,目标区域为 $[X_c-X_0,X_c+X_0]$,$[Y_c-Y_0,Y_c+Y_0]$,对于 $u\in[-L,L]$,目标区域中离声呐最近的反射点的径向距离为

$$r_{\min}=\begin{cases}X_c-X_0 & Y_c-Y_0-L\leqslant 0\\ \sqrt{(X_c-X_0)^2+(Y_c-Y_0-L)^2} & \text{其他}\end{cases} \quad (6-17)$$

第一个到达声呐的回声信号发生在快时间 $T_s=\dfrac{2r_{\min}}{c}$,最远反射点对应的径向距离为

$$r_{\max}=\sqrt{(X_c+X_0)^2+(Y_c+Y_0+L)^2} \quad (6-18)$$

此时回声信号的终止时间为 $T_f=\dfrac{2r_{\max}}{c}+T_p$,$T_p$ 为发射脉冲信号的持续时间。这样为了捕捉待重建区域内反射回来的信号,需要获得的样本点 $s(t,u)$ 所在的时间区间为 $t\in[T_s,T_f]$。

6.2.2 快时间域采样间隔

声呐信号的基带带宽为 $\pm w_0$,因此快时间域采样间隔应该满足奈奎斯特采样定理,即

$$\Delta t\leqslant\dfrac{\pi}{w_0} \quad (6-19)$$

这样在快时间域,所得样本点数为 $N=2\left\lceil\dfrac{T_f-T_s}{2\Delta t}\right\rceil$,$\lceil\ \rceil$ 为上取整。这样时间窗修正为 $T_f=T_s+(N-1)\Delta t$。

6.2.3 基带慢时间域采样间距 Δu 和采样点数 M

对于给定快时间频率 w,SAS 信号 $s(t,u)$ 在 u 域的基带奈奎斯特采样间隔由 u 域带宽 Ω_s 决定,根据 6.1.4 节式(6-5),有

$$\Delta u\leqslant\dfrac{\pi}{k\Omega_s}=\dfrac{\pi}{k(\sin\theta_{\max}-\sin\theta_{\min})}\approx\dfrac{X_{cc}\lambda}{4(Y_0+L)} \quad (6-20)$$

式中,$X_{cc}=\dfrac{X_c}{\cos^2\theta_c}=\dfrac{R_c}{\cos\theta_c}$。为选择一个满足所有频率 $w\in[w_{\min},w_{\max}]$ 的慢时域采样间距,选择最坏情况,即最小波长 $\lambda_{\min}=\dfrac{2\pi c}{w_{\max}}$ 对应的采样间距。这样脉冲重复间隔为

$$\text{PRI}=\dfrac{\Delta u}{v_r} \quad (6-21)$$

式中,v_r 为声呐沿合成孔径 $u\in[-L,L]$ 运动的速度。发射的脉冲次数为

$$M=2\left\lceil\dfrac{L}{\Delta u}\right\rceil \quad (6-22)$$

上诉采样定理是对基带 SAS 信号进行的,对于目标区域斜射的情况,SAS 信号是带通信号,采样前需要先进行慢时域基带转换。慢时域多普勒谱带宽 Ω_s 对于给定频率 w 时近似以 $k_u\approx 2k\sin\theta_c$ 为中心,θ_c 为斜视角。这样 SAS 信号的基带转换信号为

$$s_b(w,u) = s(w,u)e^{-j2k\sin\theta_c u} \quad (6-23)$$

6.2.4 慢时间域脉冲压缩增大 PRI

慢时间的脉冲压缩信号 $s_c(w,u) = s(w,u)s_0^*(w,u)$ 需要的合成孔径 u 域的采样约束比较小,参考信号 $s_0(w,u) = e^{-j2k\sqrt{X_c^2+(Y_c-u)^2}}$。对于广义的斜射情况,在给定的频率范围 $w \in [w_{\min}, w_{\max}]$ 下,脉冲压缩信号的奈奎斯特采样率为

$$\Delta_{uc} \leqslant \frac{X_{cc}\lambda_{\min}}{4Y_0} \quad (6-24)$$

$$M_c = 2\left\lceil \frac{L}{\Delta_{uc}} \right\rceil \quad (6-25)$$

如果声呐平台按照此采样率测量回波信号,则回波信号 $s(w, i_c\Delta_{uc})$ 混叠了,因为 $\Delta_u < \Delta_{uc}$。$s_c(w, i_c\Delta_{uc}) = s(w, i_c\Delta_{uc})e^{j2k\sqrt{X_c^2+(Y_c-i_c\Delta_{uc})^2}}, i_c = 1,2,\cdots,M_c$。

降低脉冲发送频率还没有混叠的思路如下:如果低采样率接收脉冲压缩信号 $s_c(w, i_c\Delta_{uc})$,按比率为 $\dfrac{\Delta_{uc}}{\Delta_u} = \dfrac{Y_0+L}{Y_0}$ 进行上采样,得到 $s_c(w, i\Delta_u), i = 1,2,\cdots,M$ 便可使 $s(w, i\Delta_u)$ 满足了奈奎斯特采样定理。上采样通过在慢时间 u 域插值脉冲压缩的 SAS 信号 $s_c(w, ic\Delta_{uc})$ 或者对其在慢时间域的傅里叶变换 $S_c(w, k_u)$ 在 k_u 域补 0。对上采样后 $s_c(w, i\Delta_u), i = 1,2,\cdots,M$ 进行解压缩处理可以得到不混叠的 $s(w, i\Delta_u)$。

$$s(w, i\Delta_u) = s_c(w, i\Delta_u)e^{-j2k\sqrt{X_c^2+(Y_c-i\Delta_u)^2}} \quad (6-26)$$

6.2.5 合成孔径慢时间 u 域补 0

SAS 测量数据在慢时间 u 域进行傅里叶变换得到慢时间多普勒谱 k_u,其采样间隔为

$$\Delta k_u = \frac{\pi}{L} \quad (6-27)$$

式中,L 为合成孔径的一半,根据 6.1.4 节 SAS 信号从测量域 (w, k_u) 到目标谱 (k_x, k_y) 的映射,$k_y = k_u$,这样可得到 $F(k_x, k_y)$ 在 k_y 域的样本点 $k_{ynm} = k_{um}$ 同样以 $\Delta k_y = \dfrac{\pi}{L}$ 为间隔。然而目标区域为 $2Y_0$,为了避免混叠,k_y 域的采样间隔还需满足 $\Delta k_y \leqslant \dfrac{\pi}{Y_0}$,所以如果目标区域范围大于合成孔径范围,即 $Y_0 \geqslant L$,这样采用 $\Delta k_u = \dfrac{\pi}{L}$ 得到的 $F(k_x, k_y)$ 在 k_y 域将混叠,这种混叠可以在合成孔径 u 域通过补 0 到有效长度 $L_{\min}$ 去除,再对 $s(w,u)$ 在慢时间域 $u \in [-L_{\min}, L_{\min}]$ 做 FFT。

$$L_{\min} = \max(L, Y_0) \quad (6-28)$$

6.2.6 快时间域补 0

在 6.3.2 节空间频率域插值数字重建中,定义雅克比函数为

$$J_m(w) = \frac{4k}{\sqrt{4k^2 - k_{um}^2}} \quad (6-29)$$

该式为给定离散慢时域多普勒谱 k_{um} 后,将 w 映射为 k_x 的雅克比函数。其最大值为

$$J_{\max} = \frac{2}{\cos\theta_{ax}}, \quad \theta_{ax} = \theta_{\max} = \arctan\frac{Y_c + Y_0 + L}{X_c - X_0} \quad (6-30)$$

有文献指出需满足 $\Delta k J_{\max} \leqslant \Delta k_x$,$\Delta k_x \leqslant \frac{\pi}{X_0}$,$\frac{\Delta w}{c} = \Delta k \leqslant \frac{\pi}{J_{\max} X_0} = \frac{\pi\cos\theta_{ax}}{2X_0}$,

快时间域 SAS 信号时间长度 $T = \frac{1}{\Delta f} = \frac{2\pi}{\Delta w}$,所以,$T = \frac{2\pi}{\Delta k \cdot c} \geqslant \frac{4X_0}{c\cos\theta_{ax}}$,这样最小快时间域区间应该满足 $\max[T_f - T_s, \frac{4X_0}{c\cos\theta_{ax}}]$。

6.2.7 慢时域多普勒谱 k_u 域降采样

当合成孔径的长度 $2L$ 比目标区域 $2Y_0$ 小时,Δk_y 按 $\Delta k_u = \frac{\pi}{L}$ 采样会混叠目标分布函数,因此需要根据 6.2.5 节进行 u 域补 0 处理。但如果合成孔径的长度 $2L$ 比目标区域 $2Y_0$ 大,Δk_y 按 $\Delta k_u = \frac{\pi}{L}$ 采样会带来 $F(k_x, k_y)$ 在 k_y 维的冗余,由 y 域的空间样本点数将小于慢时间 u 域的样本数 $N_y = 2\left\lceil\frac{Y_0}{\Delta u}\right\rceil < M$,则可以采取 Δk_u 降采样的方法进行抽取处理,首先计算抽取系数 $a = \left\lfloor\frac{L}{Y_0}\right\rfloor$,则抽取的样本索引为 $I = \frac{M}{2} + 1 - a\left\lfloor\frac{M}{2a}\right\rfloor : a : \frac{M}{2} + 1 + a\left\lfloor\frac{M}{2a}\right\rfloor$,$\Delta k_y = a\Delta k_u$,$k_y = k_u(I)$。

6.3 目标分布函数的数字化重建算法

6.3.1 空间频率插值的数字重建

实际中,SAS 系统提供的是 $S(w, k_u)$ 在 (w, k_u) 域的等间距样本点。然而,要重构目标分布函数 $f(x, y)$,需要求得在 (k_x, k_y) 域上等间距矩形网格点上的值,而 (w, k_u) 向 (k_x, k_y) 域的映射是非线性映射。假设合成孔径 SAS 信号 $s(w, u)$ 在有限长度 $[-L, L]$ 的合成孔径 u 域以 Δu 采样,采样次数为 M,对 u 域进行 FFT,得到 $S(w, k_u)$ 在 k_u 域的 M 个样本点,其中 SAS 映射向 k_y 域映射是等间隔的,因为 $k_y(w, k_u) = k_u$,而 $S(w, k_u)$ 在 k_u 域是均匀分布的,分布间隔 $\Delta k_u = \frac{2\pi}{M\Delta u}$,而 $k_x(w, k_u) = \sqrt{4k^2 - k_u^2}$ 不是均匀分布的。这样在固定的离散值 $k_{ynm} = k_{um} = m\Delta k_u$,需要在 k_x 域不均匀的 $k_{xnm} = \sqrt{4k_n^2 - k_{um}^2}$ 中插值出均匀 k_x 处的空间谱值,$k_n = n\Delta k = n\frac{\Delta w}{c}$ 等间隔分布,Δw 为测量 SAS 信号在快时间域的离散采样点,如图 6-2 所示。

第 6 章　基于声反射断层扫描成像的目标检测技术

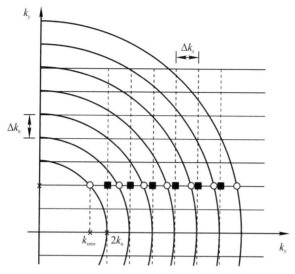

图 6-2　离散信号的 SAS 空间频率映射

6.1.5 节通过测量信号与参考信号的二维匹配滤波已获得空间目标分布函数的频域数据 $F_b(k_{xnm}, k_{ynm})$。下面给出如何由非均匀 k_{xnm} 点处 $F_b(k_{xnm}, k_{ynm})$ 得到均匀分布的 k_x 处 $F_b(k_{xnm}, k_{ynm})$ 解的方法,因为 x 域的空间长度为 $2X_0$,y 域的空间长度为 $2Y_0$,因此 x 域均匀插值间隔 $\Delta k_x = \dfrac{\pi}{X_0}$,插值范围 $k_x \in [-2k_0, 2k_0]$。

$$F_b(k_x, k_{ynm}) \approx \sum_{|k_x - k_{xnm}| \leqslant N_s \Delta k_x} F_b(k_{xnm}, k_{ynm}) h(k_x - k_{xnm}) W(k_x - k_{xnm}) \quad (6-31)$$

式中,$h(k_x) = \operatorname{sinc}\left(\dfrac{k_x}{\Delta k_x}\right)$ 为 sinc 函数,式(6-31)对插值范围采用了加窗约束,$|k_x - k_{xnm}| \leqslant N_s \Delta k_x$,$N_s$ 为 sinc 函数截取的半长度,窗函数 $W(k_x)$ 可选择汉明窗或其他窗。

$$W(k_x) = \begin{cases} 0.54 + 0.46\cos\left(\dfrac{\pi k_x}{N_s \Delta k_x}\right) & |k_x| \leqslant N_s \Delta k_x \\ 0 & \end{cases} \quad (6-32)$$

6.3.2　距离堆积的数字重建方法

由目标分布函数空间谱做二维傅里叶反变换,空间频率域 (k_x, k_y) 和测量域 (w, k_u) 微分的雅克比 $J(w, k_u)$ 关系得到下式,其中雅克比矩阵被幅度函数吸收。

$$\begin{aligned} f(x, y) &= \iint_{k_x k_y} F_b(k_x, k_y) \mathrm{e}^{jk_x + jk_y} \mathrm{d}k_x \mathrm{d}k_y \\ &= \iint_{w k_u} S(w, k_u) P^*(w) \mathrm{e}^{j(\sqrt{4k^2 - k_u^2} X_c + k_u Y_c)} \mathrm{e}^{j[\sqrt{4k^2 - k_u^2} x + k_u y]} J(w, k_u) \mathrm{d}w \mathrm{d}k_u \end{aligned}$$

$$(6-33)$$

选取位于 $(x, y) = (X_c + x_i, Y_c)$ 的反射信号作为参考信号,有

$$s_{0i}(t,u) = p(t - \frac{2\sqrt{(X_c+x_i)^2+(Y_c-u)^2}}{c}) \tag{6.34}$$

其 (t,u) 域的二维傅里叶变换为 $S_{0i}(w,k_u) = P(w)\mathrm{e}^{-\mathrm{j}\sqrt{4k^2-k_u^2}(X_c+x_i)-\mathrm{j}k_u Y_c}$，因此有

$$f(x_i,y) = \int_{k_u}\left[\int_w S_{0i}^*(w,k_u)S(w,k_u)\mathrm{d}w\right]\mathrm{e}^{\mathrm{j}k_u y}\mathrm{d}k_u \tag{6-35}$$

6.3.3 时域相关的数字重建方法

假设待重建的是二维样本点 (x_i, y_i) $x_i \in [X_c - X_0, X_c + X_0]$，$y_i \in [Y_c - Y_0, Y_c + Y_0]$ 处的目标分布函数。时域相关处理（TDC）将测量的 (t,u) 域的 SAS 信号 $s(t,u)$ 与给定的网格点的参考回波 $p(t - \frac{2\sqrt{x_i^2+(y_i-u)^2}}{c})$ 做相关。

$$\left. \begin{aligned} f(x_i,y_i) &= \iint_{u\ t} s(t,u) p^*(t - \frac{2\sqrt{x_i^2+(y_i-u)^2}}{c})\mathrm{d}t\,\mathrm{d}u \\ &= \iint_{u\ t} s(t,u) p^*(t - t_{ij})\mathrm{d}t\,\mathrm{d}u \\ t_{ij}(u) &= \frac{2\sqrt{x_i^2+(y_i-u)^2}}{c} \end{aligned} \right\} \tag{6-36}$$

时域相关算法的缺点是二维离散求和的计算量太大，根据 Parseval 定理，时域相关算法可以在 (w,u) 域进行。

$$\int_t s(t,u) p^*[t - t_{ij}(u)]\mathrm{d}t = \int_w s(w,u) P^*(w)\mathrm{e}^{\mathrm{j}wt_{ij}(u)}\mathrm{d}w \tag{6-37}$$

$$f(x_i,y_i) = \iint_{u\ w} s(w,u) P^*(w)\mathrm{e}^{\mathrm{j}wt_{ij}(u)}\mathrm{d}w\,\mathrm{d}u \tag{6-38}$$

6.3.4 背投影数字重建方法

快时间匹配滤波 SAS 信号和其逆投影分别为

$$s_M(t,u) = s(t,u) * p^*(-t) \tag{6-40}$$

$$f(x_i,y_i) = \int_u s_M[t_{ij}(u),u]\mathrm{d}u \tag{6-41}$$

这样，为形成网格点 (x_i, y_i) 处目标分布函数，在所有合成孔径 u 域，相干的叠加对应该点的快时间匹配滤波，表现为弦图的积分。

6.4 线合成孔径（SAS）目标分布函数数字重建仿真

6.4.1 空间频率插值算法

6.4.1.1 算法步骤

1）快时间域基带转换和匹配滤波。

$$s_M(t,u) = s(t,u) * p_0^*(-t) \tag{6-42}$$

式中，$p_0(t) = p(t-T_c)$，$T_c = \dfrac{2R_c}{c}$ 为参考快时间点。

2）进行慢时域处理，包括基带转换、慢时域脉冲压缩后的升采样处理，Δ_{uc} 增加到 Δ_u，解压缩处理，得到 SAS 信号的二维傅里叶变换样本 $S_d(w_n, k_{um})$。

3）如果 $T_f - T_s$ 不能在 k_x 域提供足够的采样密度，需要对 SAS 快时域信号根据 6.2.6 节约束 $\max[T_f - T_s, \dfrac{4X_0}{c\cos\theta_{ax}}]$ 补 0。同样，如果 $Y_0 \geqslant L$，需要在慢时域 u 域进行补 0 达到最小合成孔径长度，$u \in [-L_{\min}, L_{\min}]$，$L_{\min} = \max(L, Y_0)$。

4）如果 $Y_0 < L$，对 $S_d(w_n, k_{um})$ 进行慢时间多普勒域的降采样处理。

5）目标区域的基带转换形成目标分布函数

$$F_b(k_x, k_y) = S_d(w, k_u) e^{-j2kR_c} e^{j\sqrt{4k^2 - k_u^2} X_c + jk_u Y_c} \tag{6-43}$$

式中，$k_x = \sqrt{4k^2 - k_u^2}$，$k_y = k_u$。已有的 SAS 信号在 (w, k_u) 域的离散采样点记为 (w_n, k_{um})，这样导致目标分布函数在空间频率 (k_x, k_y) 域是一系列非均匀分布的样本点。

$$\left.\begin{array}{l} k_{xnm} = \sqrt{4k_n^2 - k_{um}^2} \\ k_{ynm} = k_{um} \end{array}\right\} \tag{6-44}$$

6）确定 SAS 信号的空间频率域的支撑范围。

$$k_x \in [k_{x\min}, k_{x\max}], k_{x\min} = \min[k_{xnm}], k_{y\min} = \min[k_{ynm}]$$
$$k_y \in [k_{y\min}, k_{y\max}], k_{x\max} = \max[k_{xnm}], k_{y\max} = \max[k_{ynm}]$$

如何确定网格的采样间隔和网格点数？

a）对于 $L < Y_0$，则 $\Delta k_x = \dfrac{\pi}{X_0}$，$\Delta k_y = \Delta k_u = \dfrac{\pi}{Y_0}$，因此，总的网格的采样点数为

$$\left.\begin{array}{ll} N_x = 2\left\lceil \dfrac{k_{x\max} - k_{x\min}}{2\Delta k_x} \right\rceil, & k_x \text{ 域} \\ N_y = M, & k_y \text{ 域} \end{array}\right\} \tag{6-45a}$$

b）对于 $L \geqslant Y_0$，则 $\Delta k_x = \dfrac{\pi}{X_0}$，$\Delta k_y = a\Delta k_u$，$k_y = k_u(I)$，因此，总的网格的采样点数为

$$\left.\begin{array}{ll} N_x = 2\left\lceil \dfrac{k_{x\max} - k_{x\min}}{2\Delta k_x} \right\rceil, & k_x \text{ 域} \\ N_y = 2\left\lfloor \dfrac{M}{2a} \right\rfloor, & k_y \text{ 域} \end{array}\right\} \tag{6-45b}$$

7）根据 6.3.1 节非均匀分布的数据 $F(k_{xnm}, k_{ynm})$ 插值出目标分布函数空间谱在均匀网格点上的值 $F(k_x, k_y)$。

8）对 $F(k_x, k_y)$ 进行二维逆 FFT 运算得到重建的 (N_x, N_y) 个均匀分布的空间目标函数 $f(x, y)$，样本间距为

$$\left.\begin{array}{l} \Delta_x = \dfrac{2\pi}{N_x \Delta k_x} = \dfrac{2X_0}{N_x} \\ \Delta_y = \dfrac{2\pi}{N_y \Delta k_y} = \dfrac{2Y_0}{N_y} \end{array}\right\} \tag{6-46}$$

6.4.1.2 算法仿真

假设声速为 1 500 m/s,发射信号中心为 15 kHz 的宽带线性调频信号,带宽为 10 kHz,宽度为 0.025 s,脉冲目标区域为斜射模式,$X_c=100$ m,$Y_c=30$ m,$X_0=10$ m,$Y_0=10$ m,声呐轨迹范围 u 为 $-8 \sim 8$ m。假设目标区域中只有单个目标,位于 $(x_n,y_n)=(7 \text{ m},-6 \text{ m})$,根据模型的几何计算,最小回波时延为 0.114 7 s,最大回波时延为 0.191 4 s,测量信号时间窗范围为 $[0.114\ 7 \text{ s}, 0.191\ 4 \text{ s}]$,在此窗内,根据奈奎斯特准则快时间域采样频域选为 4 倍基带最高频率进行采样,而慢时间 u 域为带通信号,中心频率近似为 $2k_c\sin\theta_c$,带宽为 $\dfrac{4(Y_0+L)}{X_{cc}\lambda_{\min}}$,采取脉冲压缩技术后,带宽为 $\dfrac{4Y_0}{X_{cc}\lambda_{\min}}$,因此,采用脉冲压缩采样间隔 $\Delta u_c = \dfrac{X_{cc}\lambda_{\min}}{4Y_0}$ 对 u 域进行采样,可以降低空间采样频率的同时避免 k_u 域信号的混叠。

慢时间域采样之前需要做判断,若 $L \leqslant Y_0$,慢时域多普勒谱信号的采样间隔 $\Delta k_u = \dfrac{\pi}{L}$ 比 $\Delta k_y = \dfrac{\pi}{Y_0}$ 需要的采样间隔大,因此在慢时间采样前进行慢时间域补 0,使得有效孔径 $L_e = \max(L,Y_0)$,则慢时间采样点数为 $2\left\lceil \dfrac{L_e}{\Delta u_c} \right\rceil$。应注意,快时域和慢时域采样前都要进行相应域的基带转换准备。慢时域脉冲压缩的参考信号选择为待重建目标区域中心坐标 $(X_c,Y_c) = (100 \text{ m},30 \text{ m})$ 处的回波信号 $s_0(w,u) = e^{-j2k\sqrt{X_c^2+(Y_c-u)^2}}$。快时域匹配相关处理的参考信号选择为 u 在原点,区域中心处的回波信号 $p_0(t) = p\left(t - \dfrac{2\sqrt{X_c^2+Y_c^2}}{c}\right)$。绘制出不同慢时域 u 位置时接收的 SAS 测量信号,如图 6-3 所示。图 6-4 为 SAS 测量信号进行快时域匹配滤波的结果,图 6-5 中由于 u 域采样速率低,造成 SAS 信号在慢时域多普勒谱 k_u 域混叠。从图 6-6 可见,脉冲压缩后多普勒域瞬时频率 k_u 是随 k 线性变化的,单个目标的纵向坐标可由 $y_n = \dfrac{k_u R_c}{2k\cos\theta_c}$ 估计,这里 $y_n = \dfrac{k_u X_c}{2k\cos\theta_c^2} = \dfrac{-5.628 \times 100 \times 1\ 500}{2 \times 2\pi \times 1.049 \times 10^4} = -6.1 \text{ m}$。

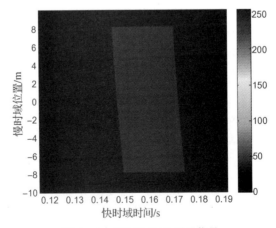

图 6-3 接收的 SAS 测量信号

第6章 基于声反射断层扫描成像的目标检测技术

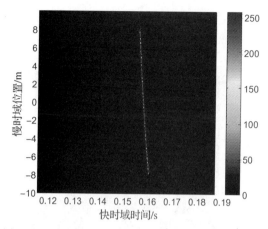

图 6-4 接收的 SAS 测量信号进行快时域匹配滤波

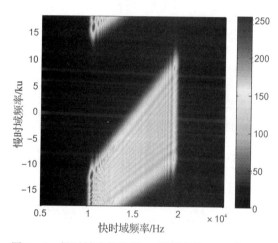

图 6-5 慢时域多普勒谱 k_u 域混叠的 SAS 信号谱

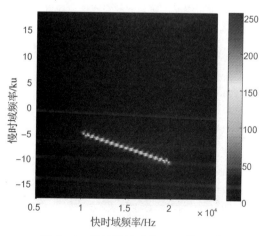

图 6-6 脉冲压缩后的 SAS 信号谱

图 6-7 为对多普勒域瞬时频率 k_u 进行补 0 后升采样,解脉冲压缩处理得到的 SAS 信号谱,可见多普勒域 k_u 不再混叠。在此基础上可做目标分布函数的波数域转换和插值处理。

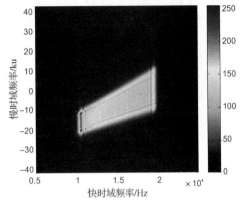

图 6-7 升采样后解脉冲压缩后的抗混叠 SAS 信号谱

将升采样后解脉冲压缩后的抗混叠 SAS 信号谱根据 6.1.5 节进行基带转换得到基带空间分布函数 $f(x,y)$ 的 SAS 谱 $F_b(k_{xm},k_{ym})$,从非均匀分布点 k_{xm} 处的 $F_b(k_{xm},k_{ym})$,如图 6-8 蓝色点位置插值出均匀网格分布 $i\Delta k_x, i\Delta k_y$ 处,图中红色点位置处的 SAS 谱 $F_b(i\Delta k_x, i\Delta k_y)$,采用汉明窗函数长度为 16。图 6-9 为空间波数域插值法重建的结果。

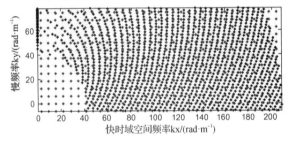

图 6-8 基带空间分布函数的空间谱和插值点的抽样

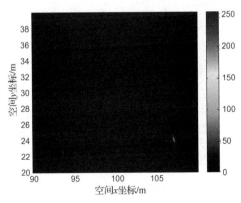

图 6-9 空间波数域插值法重建结果

6.4.2 距离堆积数字重建算法

6.4.2.1 算法步骤

与空间频率插值算法相似,距离堆积算法也是基于 SAS 信号的二维频率域。算法步骤如下。

1)和空间频率插值的数字重建第一步相同,进行快时域匹配滤波。

2)和空间频率插值的数字重建第二步相同,获得慢时域脉冲压缩,升采样,解压缩。

3)慢时域和快时域 SAS 信号基带转换,如果 $Y_0 > L$,对慢时域 u 域进行补 0,获得最小合成孔径长度,避免 k_y 采样满足奈奎斯特定理混叠 y 域信号。

4)获得数字滤波,升采样,补 0 后的二维 SAS 信号谱 $S_d(w_n, k_{um})$。

5)如果 $Y_0 < L$,对 $S_d(w_n, k_{um})$ 进行慢时间多普勒域的降采样处理。

6)和空间频率域插值的数字重建第 7 步相同,确定空间分布网格点和网格数。

7)对于给定等间距点 x_i , $x_i = (i - 1 - \frac{N_x}{2})\Delta x$, $i = 1, 2, \cdots, N_x$,对目标区域通过 (x_i, Y_c) 的相位函数进行基带转换:

$$S_d(w, k_u) e^{-j2kR_c} e^{j\sqrt{4k^2 - k_u^2} X_i + jk_u Y_c}$$

8)对所有频率上的结果进行离散求和:

$$\int_w S_d(w, k_u) e^{-j2kR_c} e^{j\sqrt{4k^2 - k_u^2} X_i + jk_u Y_c} \mathrm{d}w$$

9)将步骤 8)的结果对所有 k_u 进行一维逆 FFT,得到所有离散 y 样本点的空间分布函数 $f(x_i, y)$。

10)对所有 x_i 重复步骤 8)~9)。

6.4.2.2 算法仿真

仿真参数同空间频率插值数字重建方法相同。重建结果如图 6-10 所示。

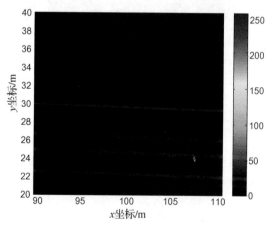

图 6-10 距离堆积数字重建算法计算结果

6.4.3 时间域相关数字重建算法

6.4.3.1 算法步骤

1) 与上述两种算法步骤 1 相同,对 SAS 测量信号进行快时域匹配滤波,快时域基带转换,傅里叶变换得到 $s_M(w,u) = s(w,u)p^*(w)e^{j2kR_c}$。

2) 对空间网格点 (x_i, y_i) 求时延 $t_{ij}(u) = \dfrac{2\sqrt{(X_c+x_i)^2+(Y_c+y_i-u)^2}}{c}$,$T_s \leqslant t_{ij}(u) \leqslant T_f$。

3) 根据积分 $\int_w s_M(w,u)e^{jwt_{ij}}e^{-j2wt_c}dw$,对所有 w 离散求和。

4) 根据积分 $f(x_i, y_i) = \int_{-L}^{L}\int_w s_M(w,u)e^{jwt_{ij}}e^{-j2wt_c}dwdu$,对所有 u 离散求和。

6.4.3.2 算法仿真

仿真参数同空间频率插值数字重建方法相同,由于对每个空间网格点进行计算,计算量较大。重建结果如图 6-11 所示。

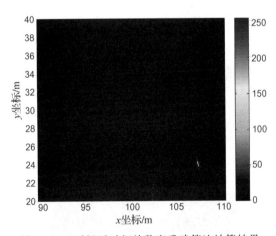

图 6-11 时间延时相关数字重建算法计算结果

6.4.4 背投影数字重建算法

6.4.4.1 算法步骤

1) 对接收的 SAS 信号 $s(t,u)$ 进行基带转换 $s(t,u)e^{-jw_ct}$,对快时间域做傅里叶变换,转换到频域 $S(w,u)$。

2) 选择参考信号 $s_0(t,u)$,为目标区域中心点 (X_c,Y_c) 处的回波,对其做基带转换 $s_0(t,u)e^{-jw_ct}$ 和快时间域傅里叶变换,得到 $S_0(w,u)$。

3) 快时间域匹配滤波处理 $S_M(w,u) = S(w,u)S_0^*(w,u)$,将时间原点从 $T=0$ 变换到 $T=\dfrac{2R_c}{c}$。

4) 对 $S_M(w,u)$ 进行上采样处理,上采样率大于 100,通过快时间频域补 0 处理后进行反傅里叶变换,获得更精细的快时间域样本 $s_M(t,u)$,并进行带通变换。

5) 初始化空间目标分布函数 $f(x_i,y_i)$(为 0)和空间位置网格点 (x_i,y_i)。

6) 对于给定网格点 (x_i,y_i) 和给定声呐位置 $(0,u)$,计算对应的时延 $t_{ij} = \dfrac{2\sqrt{(x_i+X_c)^2+(y_i+Y_c-u)^2}}{c}$,并计算与时间原点 $T=\dfrac{2R_c}{c}$ 之间升采样后的采样点数 n,并将该采样点处的 $s_M(n_c+n,u)$ 累加到 $f(x_i,y_i)$ 中,n_c 为 $T=\dfrac{2R_c}{c}$ 位置对应的样本点数。

7) 遍历所有慢时间域采样点 $(0,u)$,得到该网格点背投影算法下的空间分布函数。

8) 遍历目标区域所有空间网格点,重复步骤 6)~7),得到所有网格点背投影算法下的空间分布函数。

6.4.4.2 算法仿真

仿真参数同空间频率插值数字重建方法相同。重建结果如 6-12 所示。

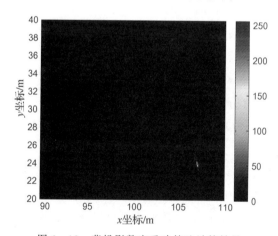

图 6-12 背投影数字重建算法计算结果

6.5 线合成孔径声呐成像规律小结

距离向上的分辨率由声呐信号带宽决定,方位向上的分辨率由合成孔径的长度决定,信号带宽越宽则距离向分辨率越高,声呐的合成孔径越长,则方位向分辨率越高。条带 SAS 的合成孔径长度由声呐换能器的波束角决定,而聚束 SAS 的合成孔径长度由观测角决定。

条带 SAS 由于合成孔径较短,距离向和方位向上的耦合比较小,因而能够易于在两个方向上分别进行,聚束式 SAS 由于两个方向上耦合比较大,两个方向不易分解,因而利用极坐标算法处理比较精确。

时域相关法原理清晰,但由于逐点进行匹配滤波运算计算量巨大,不利于工程实现,但其计算结果可以作为其他算法的验证算法,逆投影算法的基本原理清楚,此算法将每次观测的数据"逆投影"回目标区域各目标点处,大大降低了时域相关法的计算量,但算法中需要插值,对结果精确性有影响。信噪比、平台运动误差对各成像算法性能影响可以后续研究。

6.6 圆合成孔径(SAS)目标分布函数重建方法

线合成孔径 SAS 成像的问题之一是目标的特征被有限的视角所采集,而且需要有足够信噪比,匹配算法依赖于目标角度起点的确定,而且由于声呐有限的视角,匹配算法可能不太可靠,产生较高的虚警率和较低的检测率(依赖事先设定的门限)。

该问题可以通过采用聚焦合成孔径声呐 360°收集数据解决。在斜平面圆 SAS 成像中,声呐平台的运行高度、圆周运动的半径和所照射的目标区域的半径尺寸相当,这样经典的基于近似的 SAS 成像算法将会失效[7-8]。

可以通过下面步骤利用线合成孔径声呐对圆合成孔径 SAS 斜平面数据进行转换。

1)将圆周路径分成小弧段,也叫子孔径。
2)将给定角度 θ 的小弧段得到的 SAS 数据通过运动补偿算法转换为线合成孔径数据。
3)得到斜平面线合成孔径 SAS 重建目标分布函数。
4)插值得到地平面目标分布函数。
5)将得到的地平面目标分布函数旋转 $-\theta$。
6)重复步骤 1)~5)完成所有弧段下的目标分布函数的重建,最后将重建结果相干叠加。

这种方法的特点是:第一,计算量大;第二,数值插值和运动补偿误差可能改变目标的 SAS 信号相位信息。本节提出一种基于成像系统多维脉冲响应(斜平面格林函数)傅里叶分析的方法,从斜平面圆合成孔径 SAS 数据重建目标分布函数。

6.6.1 系统模型

图 6-13 为成像系统几何,声呐平台沿着圆周路径以半径 R_g,在相对于地面高度 $z=z_0$ 的平面运动。这样,声呐坐标 $(x,y,z)=(R_g\cos\theta,R_g\sin\theta,z_0)$ 为慢时域 θ 的函数,$\theta\in[-\pi,\pi]$。当声呐沿着圆合成孔径运动时,波束形成的区域半径为 $R_0(w)$,记为 $D:R_0(w)$,以空间坐标原点为中心。记目标区域的声反射函数 $f(x,y)$,斜距 $R_c=\sqrt{R_g^2+z_0^2}$。$\theta_z=\arctan(\frac{z_0}{R_g})$ 和 $\theta_x=\arcsin(\frac{R_0(w)}{R_c})$ 分别为斜视角和沿路径的目标角。

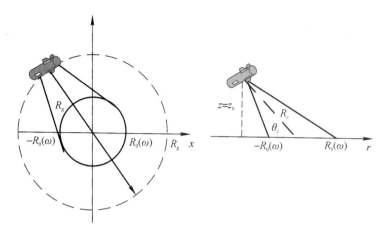

图 6-13 俯视图和侧视图系统几何

定义发送的宽带信号为 $p(t)$。斜平面测量的 SAS 信号为

$$s(t,\theta)=\iint_{x\,y} f(x,y)p\left[t-\frac{2\sqrt{(x-R_g\cos\theta)^2+(y-R_g\sin\theta)^2+Z_c^2}}{c}\right]\mathrm{d}x\,\mathrm{d}y$$

(6-47)

对 t 求傅里叶变换得到 SAS 系统在慢时域 θ 和快时间频率 ω 域的移变脉冲响应(斜平面格林函数)为

$$s(\omega,\theta)=P(\omega)\iint_{x\,y} f(x,y)g_\theta(x,y,\omega)\mathrm{d}x\,\mathrm{d}y \qquad (6-48)$$

式中,$k=\dfrac{\omega}{c}$ 为波数,目标区域 $(x,y)\in D:R_0$,斜平面格林函数为

$$g_\theta(x,y,w)=\mathrm{e}^{-\mathrm{j}2k\sqrt{(x-R_g\cos\theta)^2+(y-R_g\sin\theta)+z_0{}^2}} \qquad (6-49)$$

6.6.2 斜平面格林函数的傅里叶特征

为得到可实施的从斜平面向地平面映射的圆周 SAS 信号的变换方法,首先研究格林函数的空间傅里叶变换。当 $\theta=0$,式(6-49)中格林函数可以写为

$$g_0(x,y,w)=\mathrm{e}^{-\mathrm{j}2k\sqrt{(x-R_g)^2+y^2+z_0{}^2}} \qquad (6-50)$$

为下列平移和空间限制了的自由空间格林函数,有

$$h(x,y,w)=\mathrm{e}^{-\mathrm{j}2k\sqrt{x^2+y^2+z_0{}^2}} \qquad (6-51)$$

式(6-51)为空间 $(x,y)\in D:R_0$ 域的圆对称函数,可以用极坐标表示为

$$h(x,y,w)\triangleq h_p(r)=\mathrm{e}^{-\mathrm{j}2k\sqrt{r^2+z_0^2}} \qquad (6-52)$$

式中,地平面矢径 $r=\sqrt{x^2+y^2}$,利用圆周对称函数的傅里叶性质,$h(x,y,w)$ 的二维傅里叶变换同样也是圆周对称函数。

$$\begin{aligned}H(k_x,k_y,w) \triangleq H_p(\rho) &= \int r h_p(r) H_0(\rho r) \mathrm{d}r \\ &= \int r \mathrm{e}^{-\mathrm{j}2k\sqrt{r^2+z_0^2}} H_0(\rho r) \mathrm{d}r \\ &= \mathrm{e}^{-\mathrm{j}\sqrt{4k^2-\rho^2}z_0}\end{aligned} \quad (6-53)$$

式中，$\rho = \sqrt{k_x^2 + k_y^2}$ 为极坐标下地平面的空间波数。$H_0(\cdot)$ 为 0 阶汉克尔函数。如果 $g_0(x,y,w)$ 是自由空间格林函数的简单平移，则 $g_0(x,y,w) = h(x-R_g,y,w)$，那么 $\theta = 0$ 时的格林函数 $g_0(x,y,w)$ 的傅里叶变换为

$$\begin{aligned}G_0(k_x,k_y,w) &= H(k_x,k_y,w)\mathrm{e}^{-\mathrm{j}k_x R_g} \\ &= H_p(\rho)\mathrm{e}^{-\mathrm{j}k_x R_g} = \mathrm{e}^{-\mathrm{j}\sqrt{4k^2-\rho^2}z_0-\mathrm{j}k_x R_g}\end{aligned} \quad (6-54)$$

然而，$g_0(x,y,w)$ 是空间支撑域有限，因此可认为对 $h(x-R_g,y,w)$ 进行了加窗处理。自由空间格林函数 $h(\cdot)$ 是二维相位调制信号，可利用相位调制信号的窗函数特性，空间加窗引入的空间频率窗为 $W_0(k_x,k_y,w)$。

$$G_0(k_x,k_y,w) = W_0(k_x,k_y,w)\mathrm{e}^{-\mathrm{j}\sqrt{4k^2-\rho^2}z_0-\mathrm{j}k_x R_g} \quad (6-55)$$

为确定 $W_0(k_x,k_y,w)$，首先需要确定相位调制信号在空间域的瞬时频率，式(6-50)中相位函数 $\gamma \triangleq 2k\sqrt{(x-R_g)^2+y^2+z_0^2}$ 分别对 x,y 求部分偏导数，得

$$\left.\begin{aligned}k_x(x,y,w) &= \frac{\partial \gamma}{\partial x} = 2k\frac{x-R_g}{\sqrt{(x-R_g)^2+y^2+z_0^2}} \\ k_y(x,y,w) &= \frac{\partial \gamma}{\partial y} = 2k\frac{y}{\sqrt{(x-R_g)^2+y^2+z_0^2}}\end{aligned}\right\} \quad (6-56)$$

格林函数的空间频率支撑带由集合 $(k_x,k_y) \in \left[(\frac{\partial \gamma}{\partial x},\frac{\partial \gamma}{\partial y});(x,y)\in D:R_0(w)\right]$，极坐标空间频率域 (φ,ρ) 下近似为下式的支撑域，其中 $\varphi \equiv \arctan\frac{k_y}{k_x}$。

$$\left.\begin{aligned}|\rho - 2k\cos\theta_z| &\leqslant 2k\sin^2\theta_z\sin\theta_x \\ |\varphi| &\leqslant \theta_x\end{aligned}\right\} \quad (6-57)$$

因此，在极坐标空间频率域 (φ,ρ)，窗函数 W_0 为

$$W_{0p}(\varphi,\rho,w) = \begin{cases}1, & |\rho-2k\cos\theta_z| \leqslant 2k\sin^2\theta_z\sin\theta_x, |\varphi| \leqslant \theta_x \\ 0, & \text{其他}\end{cases} \quad (6-58)$$

由于式(6-58)在空间频率域可分离，因此可以分解为

$$W_{0p}(\varphi,\rho,w) = W_1(\varphi)W_2(\rho,w) \quad (6-59)$$

$$W_1(\varphi) = \begin{cases}1, & |\varphi| \leqslant \theta_x \\ 0, & \text{其他}\end{cases} \quad (6-60\mathrm{a})$$

$$W_2(\rho,w) = \begin{cases}1, & |\rho-2k\cos\theta_z| \leqslant 2k\sin^2\theta_z\sin\theta_x \\ 0, & \text{其他}\end{cases} \quad (6-60\mathrm{b})$$

图 6-14 为 $\theta_z = 0$ 和 $\theta_z = \frac{\pi}{8}$ 时空间频率域的格林函数，可见当 $\theta_z \neq 0$ 时，格林函数在空间频率域围绕半径为 $\rho = 2k\cos\theta_z$ 的圆存在频谱扩展，而 $|\varphi| \leqslant \theta_x$。因为 $g_\theta(x,y,w)$

是由 $g_0(x,y,w)$ 在空间 (x,y) 域的旋转 θ 而来,这样 $G_\theta(k_x,k_y,w)$ 为由 $G_0(k_x,k_y,w)$ 在空间频率 (k_x,k_y) 域旋转 θ 而来,如式(6-61),此时极坐标下空间频率域 (φ,ρ) 中的窗函数如式(6-62)。

$$G_\theta(k_x,k_y,w) = W_\theta(k_x,k_y,w) e^{-j\sqrt{4k^2-\rho^2}z_0 - j(k_x\cos\theta + k_y\sin\theta)R_g}$$
$$= W_\theta(\rho,\varphi,w) e^{-j\sqrt{4k^2-\rho^2}z_0 - j\rho\cos(\theta-\varphi)R_g} \quad (6-61)$$

$$W_{\theta p}(\varphi,\rho,w) = \begin{cases} 1 & |\rho - 2k\cos\theta_z| \leqslant 2k\sin^2\theta_z\sin\theta_x, \ |\varphi - \theta| \leqslant \theta_x \\ 0 & \text{其他} \end{cases} \quad (6-62)$$

图 6-14 格林函数空间谱

图 6-15 为格林函数空间谱加窗后随平台观测角度的旋转变化。图中列举了几个典型角度。可以推断,使用单频 SAS 信号的空间谱成圆形,宽带 SAS 信号的空间谱呈圆环形。

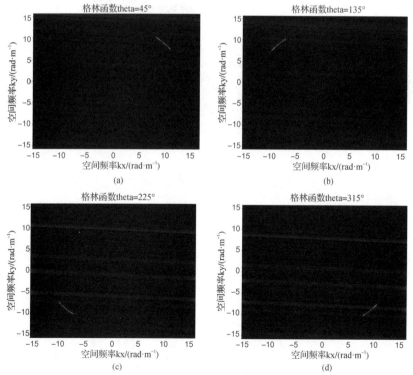

图 6-15 格林函数空间谱随声呐平台角度 θ 的变化

6.6.3 转化原理和数字化实现

利用帕萨瓦尔等式，式(6-48)可表示为

$$s(w,\theta) = \iint F(k_x,k_y)G(k_x,k_y,w)\mathrm{d}k_x\mathrm{d}k_y \quad (6-63)$$

表达为极坐标为

$$\begin{aligned}s(w,\theta) &= \iint \rho F_\rho(\varphi,\rho)G_{\theta\rho}(\varphi,\rho,w)\mathrm{d}\rho\mathrm{d}\varphi \\ &= \iint \rho F_\rho(\varphi,\rho)W_1(\theta-\varphi)W_2(w,\rho)\mathrm{e}^{-\mathrm{j}\sqrt{4k^2-\rho^2}z_0 - \mathrm{j}\rho\cos(\theta-\varphi)R_g}\mathrm{d}\rho\mathrm{d}\varphi\end{aligned} \quad (6-64)$$

下面分析如何从式(6-64)式中恢复 $F_\rho(\varphi,\rho)$，式(6-64)可重新表达为

$$s(w,\theta) = \int \Lambda(w,\rho)\Gamma(\rho,\theta)\mathrm{d}\rho \quad (6-65)$$

式中

$$\left.\begin{aligned}\Lambda(w,\rho) &= W_2(w,\rho)\mathrm{e}^{-\mathrm{j}\sqrt{4k^2-\rho^2}z_0} \\ \Gamma(\rho,\theta) &= \rho\int F_\rho(\varphi,\rho)W_1(\theta-\varphi)\mathrm{e}^{-\mathrm{j}\rho\cos(\theta-\varphi)R_g}\mathrm{d}\varphi\end{aligned}\right\} \quad (6-66)$$

核函数 $\Lambda(w,\rho)$ 为已知的二维信号，如图 6-16 所示。

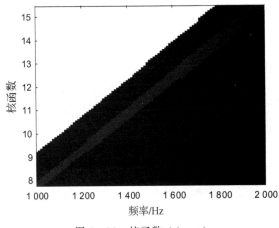

图 6-16 核函数 $\Lambda(w,\rho)$

对于式(6-65)系统模型中固定观测角度 θ，假设 SAS 信号以采样间距 Δ_t 得到 N 采样点，这样快时间频率域间距为 $\Delta_w = \dfrac{2\pi}{N\Delta_t}$，波数 k 域采样间隔为 $\Delta_k = \dfrac{\Delta_w}{c}$，离散的 SAS 信号数据为 $s(w_n,\theta)$，其中 $w_n = w_c + n\Delta_w$，$\dfrac{-N}{2} \leqslant n \leqslant \dfrac{N}{2}-1$，波数 $k_n = \dfrac{w_n}{c}$。用 $N\times1$ 矩阵形式记为

$$\widetilde{\boldsymbol{S}}_\theta \triangleq \left[s(w_n,\theta);\dfrac{-N}{2}\leqslant n\leqslant \dfrac{N}{2}-1\right] \quad (6-67)$$

式(6-60b)空间频率域窗函数 $W_2(\rho,w)$ 以 $\rho = 2k\cos\theta_z$ 为中心，因此式(6-65)模型中

离散的 ρ 值取 $\rho_n = 2k_n \cos\theta_z$，$\frac{-N}{2} \leqslant n \leqslant \frac{N}{2} - 1$。这样已知的离散系统核函数 $\Lambda(w,\rho)$ 为 $N \times N$ 维矩阵

$$\widetilde{\pmb{\Lambda}} \triangleq \left[\Lambda(w_n, \rho_m); \frac{-N}{2} \leqslant m, n \leqslant \frac{N}{2} - 1\right] \quad (6-68)$$

对于未知的 $\widetilde{\pmb{\Gamma}}_\theta = \left[\Gamma(\rho_m, \theta); \frac{-N}{2} \leqslant m \leqslant \frac{N}{2} - 1\right]$，假设为 $N \times 1$ 矩阵。这样

$$\widetilde{\pmb{S}}_\theta = \widetilde{\pmb{\Lambda}} \widetilde{\pmb{\Gamma}}_\theta \quad (6-69)$$

$$\widetilde{\pmb{\Gamma}}_\theta = \widetilde{\pmb{\Lambda}}^{-1} \widetilde{\pmb{S}}_\theta \quad (6-70)$$

系统核函数近似为正交矩阵，其逆矩阵近似等于其共轭转置，$\widetilde{\pmb{\Lambda}}^{-1} \approx \widetilde{\pmb{\Lambda}}^{*\mathrm{T}}$，这样，式(6-70)变为

$$\Gamma(\rho_m, \theta) = \sum \Lambda^*(w_n, \rho_m) s(w_n, \theta) \quad (6-71)$$

式(6-71)结果为信号 $\Gamma(\rho_m, \theta)$ 在离散值 $\rho = \rho_m = 2k_m \cos\theta_z$，$\frac{-N}{2} \leqslant m \leqslant \frac{N}{2} - 1$ 处的样本值。

$$\Gamma(\theta, 2k\cos\theta_z) = 2k\cos\theta_z \int F_\rho(\varphi, 2k\cos\theta_z) W_1(\theta - \varphi) \mathrm{e}^{-\mathrm{j}2k\cos\theta_z \cos(\theta-\varphi)R_g} \mathrm{d}\varphi \quad (6-72)$$

令 $s_1(2k\cos\theta_z, \theta) = \dfrac{\Gamma(2k\cos\theta_z, \theta)}{2k\cos\theta_z}$，该信号已知，则式(6-72)可用 θ 域卷积描述为

$$\begin{aligned}s_1(2k\cos\cos\theta_z, \theta) &= \int F_\rho(2k\cos\theta_z, \varphi) W_1(\theta - \varphi) \mathrm{e}^{-\mathrm{j}2k\cos\theta_z \cos(\theta-\varphi)R_g} \mathrm{d}\varphi \\ &= F_\rho(2k\cos\theta_z, \theta) * W_1(\theta) \mathrm{e}^{-\mathrm{j}2k\cos\theta_z \cos(\theta)R_g}\end{aligned} \quad (6-73)$$

所以，从 $s_1(w,\theta)$ 中反卷积已知的函数 $W_1(\theta)\mathrm{e}^{-\mathrm{j}2k\cos\theta_z \cos(\theta)R_g}$，便可得到待求函数 $F_\rho(2k\cos\theta_z, \varphi)$。反卷积结果记为 $s_2(w,\theta)$，转化到频域为

$$F_{(\theta)}[s_2(w,\theta)] = \frac{F_{(\theta)}[s_1(w,\theta)]}{F_{(\theta)}[W_1(\theta)\mathrm{e}^{-\mathrm{j}2k\cos\theta_z \cos(\theta)R_g}]} \quad (6-74)$$

反卷积的核函数 $F_{(\theta)}[W_1(\theta)\mathrm{e}^{-\mathrm{j}2k\cos\theta_z \cos(\theta)R_g}]$ 为幅度相位调制信号，相位函数对 θ 的一维傅里叶变换为第二类 ξ 阶汉克尔函数：

$$F_{(\theta)}\left[\mathrm{e}^{-\mathrm{j}2k\cos\theta_z \cos(\theta)R_g}\right] = H_\xi^2(2k\cos\theta_z)\mathrm{e}^{-\mathrm{j}\frac{\pi\xi}{2}} \quad (6-75)$$

由 PM 信号的加窗特性 $W_1(\theta)$，$|\theta| \leqslant \theta_x$，得到

$$\begin{aligned}|\xi| &\leqslant 2kR_g \cos\theta_z \sin\theta_x \\ &= 2kR_0 \cos\theta_z\end{aligned} \quad (6-76)$$

$$F_{(\theta)}[s_2(w,\theta)] = F_{(\theta)}[s_1(w,\theta)] H_\xi^1(2k\cos\theta_z) \mathrm{e}^{\mathrm{j}\frac{\pi\xi}{2}} \quad (6-77)$$

最后将极坐标样本点 $F_\rho(2k\cos\theta_z, \theta) = s_2(\rho, \theta)$ 转化到直角坐标域，并通过插值算法得到均匀空间频率网格上的二维傅里叶变换 $F(k_x, k_y)$，其二维逆傅里叶变换即为重建的目标分布函数。

$$\left.\begin{aligned}k_x(\rho,\theta) &= 2k\cos\theta_z \cos\theta \\ k_y(\rho,\theta) &= 2k\cos\theta_z \sin\theta\end{aligned}\right\} \quad (6-78)$$

6.6.4 数据获取和信号处理

采样约束和信号处理包括快时域采样区间、快时域样本间隔、快时域匹配滤波参考点确定和慢时域采样等。

6.6.4.1 快时域采样区间

聚束目标区域最近和最远反射点距离声呐的距离为

$$\left.\begin{array}{l} r_{\min}=\sqrt{[R_g-R_0(w)]^2+z_0{}^2} \\ r_{\max}=\sqrt{[R_g+R_0(w)]^2+z_0{}^2} \end{array}\right\} \tag{6-79}$$

第一个回声信号在快时间内达到的时刻为 $T_s=\dfrac{2r_{\min}}{c}$,声呐发射的脉冲信号的持续时间为 T_p,则最远反射器回波信号在快时间域会持续到 $T_f=\dfrac{2r_{\max}}{c}+T_p$。因此斜平面收到的 SAS 回波信号的时间窗区间为 $t\in[T_s,T_f]$。

6.6.4.2 快时间采样间隔

声呐信号的基带带宽为 $\pm w0$,采样时间应满足 $\Delta_t\leqslant\dfrac{\pi}{w_0}$,如果是线性调频信号,可以先频谱搬移再采样。因此,总采样点数为

$$N=2\left\lceil\dfrac{T_f-T_s}{2\Delta_t}\right\rceil \tag{6-70}$$

6.6.4.3 快时域匹配滤波参考点

快时域匹配滤波的参考信号选为 $(x,y,z)=(0,0,0)$ 的延迟信号,任意观测角度 θ 对应的声呐和参考点距离均为 R_c。离散信号 $s_M(t,\theta)$ 数据第 $\dfrac{N}{2}+1$ 对应的快时间为 $T_c=\dfrac{2R_c}{c}$。

$$\left.\begin{array}{l} p_0(t)=p\left(t-\dfrac{2R_c}{c}\right) \\ s_M(t,\theta)=s(t,\theta)*p_0{}^*(-t) \end{array}\right\} \tag{6-71}$$

6.6.4.4 慢时域采样间隔

从 6.6.3 节可知,慢时域频谱范围 $|\xi|\leqslant 2k_{\max}R_0\cos\theta_z$,因此慢时间采样间隔为

$$\Delta_\theta\leqslant\dfrac{\pi}{2k_{\max}\cos\theta_z R_0} \tag{6-72}$$

慢时域样本点数为

$$M_\theta=\dfrac{2\pi}{\Delta_\theta} \tag{6-73}$$

6.6.4.5 空间采样间隔

极坐标下空间波数频率满足 $|\rho|=\sqrt{k_x^2+k_y^2}\leqslant 2k_{\max}\cos\theta_z+2k_{\max}\sin^2\theta_z\sin\theta_x$,为通过

对空间频率 $F(k_x,k_y)$ 进行二维逆傅里叶变换获得目标函数 $f(x,y)$ 的空间样本点,空间采样间距应满足:

$$\left. \begin{array}{l} \Delta x = \dfrac{\pi}{2k_{\max}\cos\theta_z + 2k_{\max}\sin^2\theta_z\sin\theta_x} \\ \Delta y = \Delta x \end{array} \right\} \quad (6-74)$$

6.6.4.6 插值方法

(1)最邻近方法。

极坐标格式下声反射断层扫描信号或圆合成孔径扫描信号波数角度空间域数据并没有落到 k_x,k_y 平面的矩形网格点上,如图 6-17 所示。最邻近方法[9] 是极坐标格式映射中常用的方法,可以运用到任何不在均匀网格分布的数据向均匀网格分布的映射上。对 SAS 应用,需要插值极坐标格式下的数据到均匀采样网格点上。采用最邻近一阶插值方案,均匀网格上最近的四个相邻点对应的谱值可根据与原始极坐标位置处的距离更新。如果原始极坐标下数据点对应的谱值为 A_i,并且在 $[n\Delta k_x, m\Delta k_y]$ 和 $[(n+1)\Delta k_x, (m+1)\Delta k_y]$ 之间,那么 k_x,k_y 平面该 4 个网格点可以根据下式进行更新

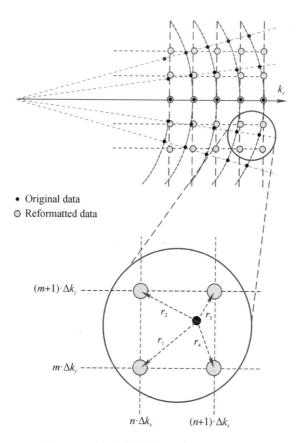

图 6-17 极坐标格式下最邻近方法映射

$$\left.\begin{aligned}F[n\Delta k_x, m\Delta k_y] &= A_i \frac{R}{r_1} \\ F[n\Delta k_x, (m+1)\Delta k_y] &= A_i \frac{R}{r_2} \\ F[(n+1)\Delta k_x, (m+1)\Delta k_y] &= A_i \frac{R}{r_3} \\ F[(n+1)\Delta k_x, m\Delta k_y] &= A_i \frac{R}{r_4}\end{aligned}\right\} \quad (6-75)$$

式中，$R=\dfrac{1}{\frac{1}{r_1}+\frac{1}{r_2}+\frac{1}{r_3}+\frac{1}{r_4}}$，均匀网格点处的空间谱值反比于该网格点与原始网格点的距离，如果插值点距离原始网格点较近，则分得原始网格点处空间谱值的权值较大，反之，则分得原始网格点处空间谱值的权值较小。由于每个均匀网格点周围有 4 个不均匀网格原始点，因此每个均匀网格点的空间谱值要被累积 4 次。

算法步骤如下。

步骤 1，对接收的声反射断层扫描数据 $s(t,\theta)$ 进行快时间域一维傅里叶变换，得到各扫描角度下的波数域信号 $S(k,\theta)$。

步骤 2，按式 $\begin{cases}k_x=2k\cos\theta\\k_y=2k\sin\theta\end{cases}$ 进行空间波数映射，确定波数域范围 $\begin{cases}k_x\in[k_x\min,k_x\max]\\k_y\in[k_y\min,k_y\max]\end{cases}$ 和带宽 $\begin{cases}B_{k_x}=k_x\max-k_x\min\\B_{k_y}=k_y\max-k_y\min\end{cases}$。

步骤 3，确定均匀等间隔波数空间网格点 $\Delta k_x=\Delta k_y=\dfrac{\pi}{R_0}$，其中 R_0 为待重建目标区域的半径。则波数空间总点数 $N_{k_x}=\dfrac{B_{k_x}}{\Delta k_x}$，$N_{k_x}=\dfrac{B_{k_y}}{\Delta k_y}$。

步骤 4，确定空间分布网格点间隔 $\Delta x=\dfrac{2\pi}{B_{k_x}}$，$\Delta y=\dfrac{2\pi}{B_{k_y}}$，和网格点 $\begin{cases}x=[-\dfrac{N_x}{2},\dfrac{N_x}{2}-1]\Delta x\\y=[-\dfrac{N_y}{2},\dfrac{N_y}{2}-1]\Delta y\end{cases}$。

步骤 5，设定新的均匀分布待插值的空间谱 $F(k_x,k_y)=0$，设定波数初始值 ρ。

步骤 6，设定初始扫描角度 θ，确定空间谱的最邻近整数点索引。

$$\left.\begin{aligned}\text{Index}x_{k_x} &= \left\lfloor\frac{(2\rho\cos\theta-k_x\min)}{\Delta k_x}\right\rfloor+1\\ \text{Index}x_{k_y} &= \left\lfloor\frac{(2\rho\sin\theta-k_y\min)}{\Delta k_y}\right\rfloor+1\end{aligned}\right\} \quad (6-76)$$

步骤 7，根据最邻近原则，插值出相邻四个整数点位置处的空间谱值，累加到 $F(k_x,k_y)$ 的相应位置上。

步骤 8,更新扫描角度,重复步骤 6~步骤 7,直到完成 360°扫描角度下的插值计算。

步骤 9,更新波数值,重复步骤 6~步骤 8,完成所有波数所有角度下的最邻近插值计算。

步骤 10,将新的均匀分布的二维空间谱在直角坐标下做二维逆傅里叶变换,得到目标的空间分布函数,完成目标的重建。

(2) 双线性插值。

由图 6-18(c)根据双线性插值,新的均匀网格点上的空间谱可以通过极坐标格式下四个相邻的点 P1,P2,P3,P4 插值得到。

$$F(k_x,k_y) = G(n\Delta\rho,m\Delta\theta)\frac{d_4 d_6}{(d_1+d_4)(d_5+d_6)} +$$

$$G[(n+1)\Delta\rho,m\Delta\theta]\frac{d_1 d_6}{(d_1+d_4)(d_5+d_6)} +$$

$$G[n\Delta\rho,(m+1)\Delta\theta]\frac{d_3 d_5}{(d_1+d_4)(d_5+d_6)} +$$

$$G[(n+1)\Delta\rho,(m+1)\Delta\theta]\frac{d_2 d_5}{(d_1+d_4)(d_5+d_6)}$$

式中,$d_1 = \rho - n\Delta\rho$,$d_4 = (n+1)\Delta\rho - \rho$,$d_5 = \rho(\theta - m\Delta\theta)$,$d_6 = \rho[(m+1)\Delta\theta - \theta]$。

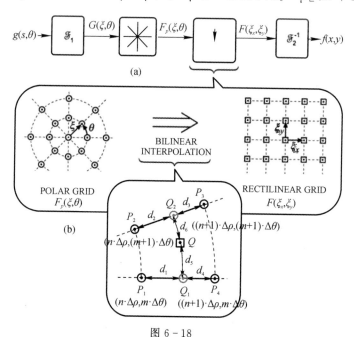

图 6-18

(a)声反射断层扫描目标分布函数重建;(b)将极坐标格式空间谱映射到直角坐标系均匀网格点上;(c)双线性变换

算法步骤如下。

步骤 1,对接收的声反射断层扫描数据 $s(t,\theta)$ 进行快时间域一维傅里叶变换,得到各扫描角度下的波数域信号 $S(k,\theta)$。

步骤 2,按式 $\begin{cases} k_x = 2k\cos\theta \\ k_y = 2k\sin\theta \end{cases}$ 进行空间波数映射,确定波数域范围 $\begin{cases} k_x \in [k_{x\min}, k_{x\max}] \\ k_y \in [k_{y\min}, k_{y\max}] \end{cases}$ 和带宽 $\begin{cases} B_{k_x} = k_{x\max} - k_{x\min} \\ B_{k_y} = k_{y\max} - k_{y\min} \end{cases}$。

步骤 3,确定均匀等间隔波数空间网格点 $\Delta k_x = \Delta k_y = \dfrac{\pi}{R_0}$,其中 R_0 为待重建目标区域的半径,则波数空间总点数 $N_{k_x} = \dfrac{B_{k_x}}{\Delta k_x}, N_{k_x} = \dfrac{B_{k_y}}{\Delta k_y}$。

步骤 4,确定空间分布网格点间隔 $\Delta x = \dfrac{2\pi}{B_{k_x}}, \Delta y = \dfrac{2\pi}{B_{k_y}}$,和网格点 $\begin{cases} x = [-\dfrac{N_x}{2}, \dfrac{N_x}{2} - 1]\Delta x \\ y = [-\dfrac{N_y}{2}, \dfrac{N_y}{2} - 1]\Delta y \end{cases}$。

步骤 5,设定新的均匀分布待插值的空间谱 $F(k_x, k_y) = 0$,设定波数 k_x 从 $k_{x\min}$ 开始,设定初始波数 k_y 为 $k_{y\min}$。

步骤 6,如果 $2k_{\min} \leqslant \rho = \sqrt{k_x^2 + k_y^2} \leqslant 2k_{\max}$,则计算该波数点对应的极坐标空间谱的最邻近整数点索引。

$$\left. \begin{aligned} \text{Index}_\rho &= \left\lfloor \dfrac{(\rho - 2k_{\min})}{\Delta k} \right\rfloor + 1 \\ \text{Index}_\theta &= \left\lfloor \dfrac{\varphi - (-\pi)}{\Delta \theta} \right\rfloor + 1 \end{aligned} \right\} \qquad (6-77)$$

以下是对 φ 的判断:

如果 $k_x > 0, \varphi = \arctan(\dfrac{k_y}{k_x})$;

如果 $k_x < 0, k_y > 0, \varphi = \arctan(\dfrac{k_y}{k_x}) + \pi$;

如果 $k_x < 0, k_y < 0, \varphi = \arctan(\dfrac{k_y}{k_x}) - \pi$;

如果 $k_x = 0, k_y > 0, \varphi = \dfrac{\pi}{2}$;

如果 $k_x = 0, k_y < 0, \varphi = -\dfrac{\pi}{2}$。

步骤 7,根据双线性插值原则,由相邻的四个原始空间谱,插值出该波数 (k_x, k_y) 点位置处的空间谱值 $F(k_x, k_y)$。

步骤 8,更新波数 k_y,重复步骤 6~步骤 7,直到完成直至 $k_{y\max}$ 的插值计算。

步骤 9,更新波数 k_x,重复步骤 6~步骤 8,完成所有波数 k_x, k_y 的双线性插值计算。

步骤 10,将新的均匀分布的二维空间谱在直角坐标下做二维逆傅里叶变换,得到目标的空间分布函数,完成目标的重建。

6.6.5 重建算法步骤及仿真

1) 快时域基带转换、离散采样、频域匹配滤波，$S_M(w,\theta) = S(w,\theta)S_0^*(w)$。

2) 时间原点转换 $\tilde{S}_\theta$ 为 $S_M(w,\theta)\mathrm{e}^{-\mathrm{j}2kR_c}$。

3) 计算核函数 $\Lambda(w,\rho)$ 在离散采样点处的矩阵 $\widetilde{\boldsymbol{\Lambda}}(w_n,\rho_m)$，其中 $w_n = w_c + n\Delta_w$，$\dfrac{-N}{2} \leqslant n \leqslant \dfrac{N}{2} - 1$，$\rho_m = 2k_m\cos\theta_z$，$\dfrac{-N}{2} \leqslant m \leqslant \dfrac{N}{2} - 1$，计算其逆矩阵 $\widetilde{\boldsymbol{\Lambda}}^{-1} \approx \widetilde{\boldsymbol{\Lambda}}^{*\mathrm{T}}$

4) 计算 $\varGamma(\rho_m,\theta)$ 和 $s_1(\rho_m,\theta) = \dfrac{\varGamma(\rho_m,\theta)}{\rho_m}$ 信号的样本，并对慢时间 θ 域求傅里叶变换得到 $S_1(\rho_m,\xi)$。

5) 计算加窗核函数 $s_{10}(\rho_m,\theta) = W_1(\theta)\mathrm{e}^{-\mathrm{j}R_g\rho_m\cos(\theta)}$ 在慢时间 θ 域傅里叶变换 $S_{10}(\rho_m,\xi) = F_{(\theta)}[W_1(\theta)\mathrm{e}^{-\mathrm{j}2k\cos\theta_z\cos(\theta)R_g}]$ 的样本信号。

6) 进行慢时间多普勒 ξ 域匹配滤波 $F_p(\rho_m,\xi) = S_1(\rho_m,\xi)S_{10}^*(\rho_m,\xi)$，得到极坐标下样本点 $F_p(\rho_m,\xi)$。

7) 根据 6.6.4.6 节最邻近插值或双线性插值算法步骤，将空间谱从极坐标格式变换到直角坐标下，最后求解目标分布函数。

6.6.6 仿真结果

声速为 1 500 m/s，发射信号为线性调频信号，带宽为 300 Hz，中心频率为 1 500 Hz，声呐绕目标区域中心距离为 100 m，目标区域为圆形，发射信号时长为 0.25 ms，点目标坐标为 (14.52,10.57)m，采用双线性插值和最邻近插值将空间谱从极坐标格式变换到直角坐标下，最后进行二维逆傅里叶变换求解目标分布函数。如图 6-19 所示，图中圆环中心位置为目标的估计位置，原因见 6.7.6 节分析。可见圆合成孔径模式下发射宽带信号运用极坐标插值算法估计精度差，不能直接应用。

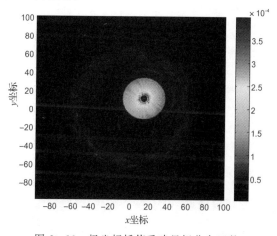

图 6-19 极坐标插值重建目标分布函数

6.7 声反射断层扫描成像的目标重建方法

计算机辅助断层扫描(Computer-aided Tomography,CT)是一种高精度成像方法,最早成功应用在医疗 X 射线对人体组织衰减系数空间分布的重建。近年来已经扩展到超声、核磁、雷达、地球物理、射电天文相关成像领域,但各自的重建目标函数不同。计算机断层扫描可以应用于水下小目标声呐成像,通过多个方向沿着目标某个横断面进行照射,分别记录目标背向散射信号提供的投影信息并进行信号处理,可以重建目标的空间声反射分布函数[10-15]。

6.7.1 系统模型

图 6-20 所示两种模型相同点都是观测器运动轨迹为圆周,都是利用观测目标对信号特性的改变来反演观测目标的图像,基于 X 射线的计算机断层辅助扫描成像技术采用 360°沿着目标某个横断面进行照射,得到经投射衰减后的投影信号,其中接收信号为横断面距离和角度的函数,通过逆投影重建处理,可以获得目标衰减系数的空间分布。而基于声反射断层扫描的水下小目标声呐成像,记录的为目标背向反射信号提供的投影信息,需要准确估计声反射断层扫描横断面的距离轨迹才可以运用逆投影算法重建目标的空间声反射分布函数。除此之外 CT 成像多采用单频信号,成像数据为实数(无相位信息),而圆迹 SAS 或声反射断层扫描 SAS 接收信号都为复数(依赖相位信息)。

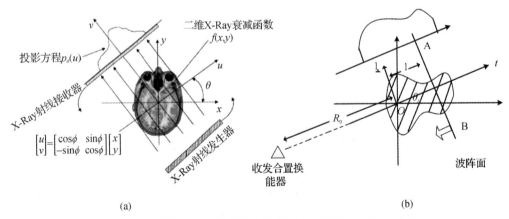

图 6-20 计算机断层扫描成像(a)和声反射断层扫描声呐成像(b)

6.7.2 拉东变换和投影切片理论

图 6-21 是投影切片理论示意图,θ 为观测角度,是 u 坐标轴顺时针离开 x 坐标轴的夹角,射线面垂直于 v 轴,横断面平行于 v 轴,根据 Radon 变换,θ 角度下投影函数值 $p_\theta(u)=$

$\int_{-\infty}^{\infty} g(x,y) \mathrm{d}v$ 为目标衰减函数 $g(x,y)$ 沿横断面的积分。改变观测角度可获得不同角度下的投影函数值。(u,v) 坐标轴相互垂直,其与 (x,y) 坐标系的转换矩阵为

$$\begin{bmatrix} u \\ v \end{bmatrix} = \begin{bmatrix} \cos\theta & \sin\theta \\ -\sin\theta & \cos\theta \end{bmatrix} \begin{bmatrix} x \\ y \end{bmatrix} \tag{6-78}$$

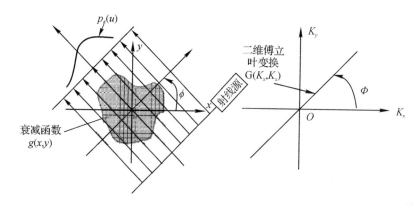

图 6-21 投影切片理论

对投影函数 $p_\theta(u)$ 进行傅里叶变换到波数域,得

$$\begin{aligned} P_\theta(\rho) &= \int_{-\infty}^{\infty} p_\theta(u) \mathrm{e}^{-\mathrm{j}u\rho} \mathrm{d}u = \int_{-\infty}^{\infty}\int_{-\infty}^{\infty} g(x,y) \mathrm{d}v \mathrm{e}^{-\mathrm{j}u\rho} \mathrm{d}u \\ &= \int_{-\infty}^{\infty}\int_{-\infty}^{\infty} g(x,y) \mathrm{e}^{-\mathrm{j}(x\cos\theta + y\sin\theta)\rho} \mathrm{d}x \mathrm{d}y \end{aligned} \tag{6-79}$$

令 $k_x = \rho\cos\theta, k_y = \rho\sin\theta$,代入(6-76)式,得到直角坐标系下 $g(x,y)$ 的二维傅里叶变换:

$$G(k_x, k_y) = P_\theta(\rho) = \int_{-\infty}^{\infty}\int_{-\infty}^{\infty} g(x,y) \mathrm{e}^{-\mathrm{j}(k_x x + k_y y)} \mathrm{d}x \mathrm{d}y \tag{6-80}$$

式(6-80)即为 CT 核心理论——二维投影切片理论,其意义为目标函数在某个角度下得到的一维投影函数的一维傅里叶变换与目标函数在相同角度下的二维傅里叶变换相等。

6.7.3 逆拉东 Radon 变换

从投影切片中恢复目标分布函数,X 射线断层扫描采用的滤波-逆投影算法,对二维投影切片做反傅里叶变换,得

$$\begin{aligned} g(x,y) &= \int_{-\infty}^{\infty}\int_{-\infty}^{\infty} G(k_x, k_y) \mathrm{e}^{\mathrm{j}(xk_x + yk_y)} \mathrm{d}k_x \mathrm{d}k_y \\ &= \int_0^{2\pi}\int_0^{\infty} P_\theta(\rho) \mathrm{e}^{\mathrm{j}(x\rho\cos\theta + y\rho\sin\theta)} \rho \mathrm{d}\rho \mathrm{d}\theta \end{aligned} \tag{6-81}$$

根据对称性 $P_{\theta+\pi}(\rho) = P_\theta(-\rho)$,有

$$g(x,y) = \int_0^\pi \{\int_{-\infty}^\infty |\rho| P_\theta(\rho) e^{j(x\rho\cos\theta + y\rho\sin\theta)} d\rho\} d\theta$$
$$= \int_0^\pi \{\int_{-\infty}^\infty |\rho| P_\theta(\rho) e^{j\rho l} d\rho\} d\theta = \int_0^\pi \tilde{g}_\theta(l) d\theta \quad (6-82)$$
$$= \int_0^\pi \tilde{g}_\theta(x\cos\theta + y\sin\theta) d\theta$$

式中，$\tilde{g}_\theta(l) = \int_{-\infty}^\infty |\rho| P_\theta(\rho) e^{j\rho l} d\rho = F^{-1}\{|\rho| P_\theta(\rho)\}$。

6.7.4 声反射断层扫描模型

与 X 射线断层扫描相同，收发合置声呐绕目标区域 360°照射，以 t 坐标轴离开 x 坐标轴的角度为观测角度，不同的是照射面平行于 $l_\perp$ 轴，横断面平行于 $l_\perp$ 轴(见图 6-22)，投影函数 $s(t,\theta)$ 为目标分布函数 $f(x,y)$ 沿横断面的积分，根据式(6-78)，横断面上点满足 $l = x\cos\theta + y\sin\theta$，$s(t,\theta) = \int f(x,y) p(t - 2\frac{R_0 + l}{c}) dl_\perp$，$\theta$ 观测角度为入射线始端与 x 轴正向夹角，而 l 为 (x,y) 坐标在 x 轴正向上投影，θ 观测角度因此处获得的信号为

$$s(t,\theta) = \int_y \int_x f(x,y) p(t - 2\frac{R_0 - x\cos\theta - y\sin\theta}{c}) dx dy \quad (6-83)$$

对其进行快时域傅里叶变换

$$S(\rho,\theta) = P(\rho) e^{-j2\rho R_0} \int_y \int_x f(x,y) e^{j2\rho(x\cos\theta + y\sin\theta)} dx dy \quad (6-84)$$

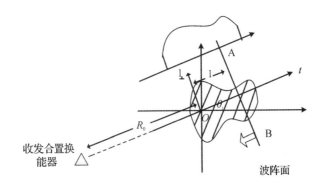

图 6-22 声反射断层扫描声呐成像模型

6.7.5 声反射断层扫描成像分辨率[16-17]

(1) 单频信号。

假定目标平面内仅有一个全向目标且此目标位于目标区域中心，那么整个扫描角度下的声反射信号的幅度和相位是相同的，那么它的空间谱应如图 6-23 所示。

第 6 章 基于声反射断层扫描成像的目标检测技术

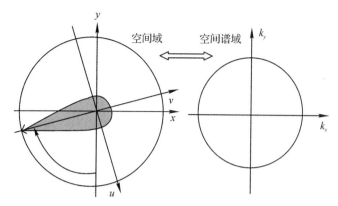

图 6-23 单频探测时 SAS 回波信号的空间谱

在空间域和空间波数域下,极坐标下和直角坐标可通过下式转换,其中 r 和 ρ 分别为空间位置和波数矢径,$f(x,y)$ 为目标分布函数。

$$x + jy = \boldsymbol{r} e^{j\theta}, k_x + jk_y = \boldsymbol{\rho} e^{j\varphi} \tag{6-85}$$

$$f(x,y) = f_p(\boldsymbol{r}), r^2 = x^2 + y^2 \tag{6-86}$$

根据投影切片理论,$f(x,y)$ 的空间谱 $F(k_x,k_y)$ 可以写为

$$\begin{aligned} FFT_2[g(x,y)] &= \int_{-\infty}^{\infty}\int_{-\infty}^{\infty} f(x,y) e^{-j(k_x x + k_y y)} dx dy \\ &= \int_0^{\infty}\int_0^{2\pi} f_p(r) e^{-j(\rho\cos\varphi r\cos\theta + \rho\sin\varphi r\sin\theta)} r dr d\theta \\ &= \int_0^{\infty} f_p(r) \left[\int_0^{2\pi} e^{-j\rho r\cos(\theta-\varphi)} d\theta\right] r dr \end{aligned} \tag{6-87}$$

根据 0 阶贝塞尔函数 $J_0(z) = \dfrac{1}{2\pi}\int_0^{2\pi} e^{-jz\cos\theta} d\theta$,式 (6-87) 方括号内积分可以用 Bessel 函数表达为

$$FFT_2[f(x,y)] = \int_0^{\infty} f_p(r) \left[\int_0^{2\pi} e^{-j\rho r\cos(\theta-\varphi)} d\theta\right] r dr = \int_0^{\infty} f_p(r) J_0(\rho r) r dr \tag{6-88}$$

$$F(k_x,k_y) = F_p(\rho), \rho^2 = k_x^2 + k_y^2 \tag{6-89}$$

假定发射单频信号,波数为 $k = \dfrac{w}{c}$,c 为声速。考虑往返声程,声反射断层扫描的空间谱在极坐标下表示为

$$F_p(\rho) = \delta(\rho - 2k) \tag{6-90}$$

那么重建的点目标分布函数 $f(r)$ 为

$$f(r) = \int_0^{\infty} F_p(\rho) J_0(\rho r) \rho d\rho = \int_0^{\infty} \delta(\rho - 2k) J_0(\rho r) \rho d\rho = 2k J_0(2kr) \tag{6-91}$$

由 Bessel 函数 3 dB 带宽,得 $2kr = 1.125$。因此空间分辨率为 $\Delta r = \dfrac{1.125}{2k}$,仅与频率有关。

(2) 宽带信号。

全宽带信号指的是信号带宽从 0 Hz 频一直到信号最大频率的信号。声反射断层扫描 SAS 采用这种信号最终构成的谱是一实心圆形状,采用了这种信号的声反射断层扫描 SAS 点目标分布函数表达式为

$$f(r) = 2k_{\max} J_0(2k_{\max} r) \qquad (6-92)$$

采用带宽信号的声反射断层扫描 SAS 空间谱是最大频率构成的实心圆与最小频率构成的实心圆相减后的形状。采用宽带信号后点目标分布函数表达式为

$$f(r) = 2k_{\max} J_0(2k_{\max} r) - 2k_{\min} J_0(2k_{\min} r) \qquad (6-93)$$

理论上点目标的空间分布函数为空心圆环。

6.7.6 声反射断层扫描成像算法

6.7.6.1 基于声反射断层扫描成像的逆投影方法

选择区域中心位置接收信号 $s_0(t,\theta) = p(t - \frac{2R_0}{c})$ 为参考信号,同样对其进行快时域傅里叶变换 $S_0(k,\theta) = P(k) e^{-j2kR_0}$。

频域匹配滤波 $S_M(\rho,\theta) = S(\rho,\theta) S_0^*(\rho,\theta) = \int_y \int_x f(x,y) e^{-j2\rho(-x\cos\theta - y\sin\theta)} dx dy$,将匹配滤波后的信号进行快时域反傅里叶变换得到

$$f(x,y) = \iint S_M(\rho,\theta) e^{j2\rho l} \rho \, d\rho \, d\theta = \int_\theta s_M(2l,\theta) d\theta \qquad (6-94)$$

根据式(6-94),目标分布函数可以通过积分各角度下匹配滤波后横断面距离定位结果,结论同式(6-82)逆投影算法。但该逆投影算法中各角度下的横断面距离索引未知,可以采用运用升采样和频域匹配滤波技术解决,升采样可以进一步提高横断面距离定位的准确性,进而提高声反射断层扫描声呐成像的精度和抗噪声能力。

(1)基于声反射断层扫描成像的逆投影算法步骤。

具体算法步骤如下,图 6-24 为基于声反射断层扫描成像的逆投影方法流程图。

1)设定初始扫描角度。

2)将该角度下目标的声反射回波信号进行基带转换和低通滤波,傅里叶变换。

3)设定参考位置为目标区域中心原点,计算相同扫描角度下该参考位置横断面的声反射回波信号,并进行基带转换和傅里叶变换。

4)将步骤 2)、3)中得到的频域数据进行频域匹配滤波处理。

5)改变扫描角度,重复步骤 2)、3)、4)得到各角度下频域匹配滤波后的接收数据。

6)根据发射信号带宽和扫描角度范围计算波数域区间并确定目标区域网格点位置,根据参考位置确定匹配滤波后的参考时间,根据升采样率 U 确定新的采样间隔。

7)设定初始网格点位置。

8)设置该位置处待重建的目标空间分布函数初始值为 0。

9)设定初始扫描角度。

10)取步骤5)计算得到的该角度下的频域数据,在数据头和尾处分别进行补0,长度为升采样率 U 减1再乘以原数据长度的一半。

11)将步骤10补0后的频域数据进行傅里叶反变换得到升采样后的时域信号。

12)计算当前网格位置,当前扫描角度下对应的接收信号的时延,并与步骤6)计算确定的匹配滤波后参考时间做差,根据新采样间隔确定横断面距离对应的索引。

13)将步骤11得到的升采样的匹配滤波时域信号该索引处的值累加到步骤8)设置的变量中。

14)递增扫描角度,重复步骤10)到步骤13),直到完成所有扫描角度下横断面距离对应索引的估计,并完成所有扫描角度下升采样的匹配滤波时域信号对应索引处值的累加。

15)更新网格点位置,重复步骤8)到14),直到完成所有位置处目标空间分布函数的重建。

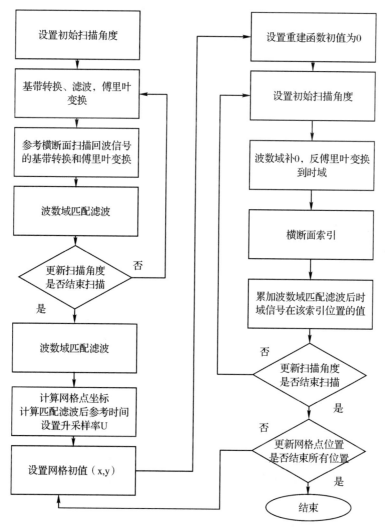

图 6-24 基于声反射断层扫描成像的逆投影方法流程图

(2) 算法仿真。

仿真参数设置同 6.6.6 节,升采样系数为 10,信噪比从 -40 dB 变换到 -10 dB,蒙特卡洛仿真 30 次,依次对目标区域特定位置的声反射断层扫描 SAS 信号与参考信号做匹配滤波,匹配滤波在频域进行,频域补 0 后返回时域,根据匹配滤波峰值时刻与参考时间差确定横断面位置,并提取接收真实的 SAS 信号在相应横断面处的值,循环累加所有参测角度下的结果作为该位置下的解。图 6-25 为信噪比为 -35 dB 时升采样处理后的重建误差曲线,可见低信噪比下逆投影算法的位置估计误差大,但升采样处理可以提高估计精度,并且稳定性很好。图 6-26 为重建平均误差随着信噪比的变化曲线,可见升采样处理在信噪比低至 -40 dB 时仍能有效的,估计性能得到有效提升。图 6-27 为无信噪比时声反射断层扫描升采样逆投影算法结果。

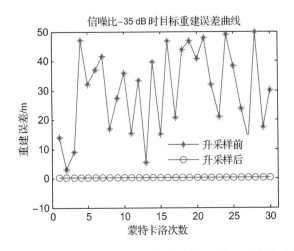

图 6-25 信噪比为 -35 dB 时升采样处理后的重建误差曲线

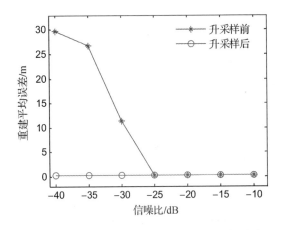

图 6-26 重建平均误差随着信噪比的变化曲线

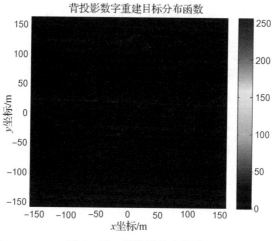

图 6-27 逆投影重建结果

6.7.6.2 基于极坐标空间频率域的声反射断层扫描 SAS 成像

和圆合成孔径声呐一样,基于声反射断层扫描模型的接收信号空间谱在极坐标格式下,目标分布函数的二维傅里叶变换是在直角坐标下,根据投影切片理论,目标函数在某个角度下得到的一维投影函数的一维傅里叶变换与目标函数在相同角度下的二维傅里叶变换相等,可将极坐标下的空间谱变换到直角坐标系下,即

$$P_\theta(\rho) = F[k_x(\rho,\theta), k_y(\rho,\theta)] \tag{6-95}$$

式中,$k_x = 2k\cos\theta, k_y = 2k\sin\theta$。但将极坐标空间谱向直角坐标变换的过程中,会出现直角坐标下波数值 k_x, k_y 不均匀和不是整数的情况,如何在整数波数值位置得到对应的空间谱需要插值技术或其他反演技术。常用的插值方案有最邻近插值和双线性插值等。

(1)分频带处理的声反射断层扫描水下目标成像方法。

本节提出了一种分频带融合的波数域成像方法,不仅克服了宽带信号成像时目标分布函数为圆环的问题,提高了成像精度,同时避免了常规波数域圆环插值带来的估计误差和计算复杂度。

算法步骤如下(见图 6-28)。

步骤 1,对接收的声反射断层扫描数据 $s(t,\theta)$ 进行快时间域一维傅里叶变换,得到各扫描角度下的波数域信号 $S(k,\theta)$。

步骤 2,按式 $k_x = 2k\cos\theta, k_y = 2k\sin\theta$ 进行空间波数映射,确定波数域范围 $k_x \in [k_x\min, k_x\max], k_y \in [k_y\min, k_y\max]$ 和带宽 $\begin{cases} B_{k_x} = k_x\max - k_x\min \\ B_{k_y} = k_y\max - k_y\min \end{cases}$。

步骤 3,确定均匀等间隔波数空间网格点 $\Delta k_x = \Delta k_y = \dfrac{\pi}{R_0}$,其中 R_0 为待重建目标区域的半径。则波数空间总点数 $N_{k_x} = \dfrac{B_{k_x}}{\Delta k_x}, N_{k_x} = \dfrac{B_{k_y}}{\Delta k_y}$。

步骤 4，确定空间分布网格点间隔 $\Delta x = \dfrac{2\pi}{B_{k_x}}$，$\Delta y = \dfrac{2\pi}{B_{k_y}}$ 和网格点

$$\begin{cases} x = \left[-\dfrac{N_x}{2}, \dfrac{N_x}{2}-1\right]\Delta x \\ y = \left[-\dfrac{N_y}{2}, \dfrac{N_y}{2}-1\right]\Delta y \end{cases}$$

步骤 5，设定新的均匀分布待插值的空间谱 $F(k_x, k_y) = 0$。设定波数值 ρ。

步骤 6，设定初始扫描角度 θ。极坐标变换到直角坐标下，确定空间谱的最邻近整数点索引。

$$\begin{cases} \mathrm{Index}_{k_x} = \left\lfloor \dfrac{(2\rho\cos\theta - k_x\min)}{\Delta k_x} \right\rfloor + 1 \\ \mathrm{Index}_{k_y} = \left\lfloor \dfrac{(2\rho\sin\theta - k_y\min)}{\Delta k_y} \right\rfloor + 1 \end{cases}$$

步骤 7，将该角度下步骤 1)求得的空间谱值累加到 $F(\mathrm{Index}_{k_x}, \mathrm{Index}_{k_y})$ 上。

步骤 8，更新扫描角度，重复步骤 6)～7)，直到完成 360°扫描角度下的单频点整数波数位置上空间谱的计算。

步骤 9，将新的均匀分布的二维空间谱在直角坐标下做二维逆傅里叶变换，得到目标的空间分布函数，完成单频点下目标的重建。

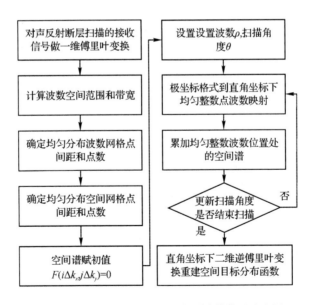

图 6-28　单频点声反射断层扫描成像算法流程图

(2)算法仿真。

假设声速为 1 500 m/s，声源发射 1.5 kHz 的单频脉冲，脉冲宽度为 0.025 s，观测目标

区域为半径为 $R_0=31$ m 的圆域,声呐平台以半径 $R_g=100$ m 绕目标区域中心做圆周运动,扫描角度间隔为 1°。假设目标区域中分布只有单个目标,位于 $(x_n,y_n)=(14.52,10.52)$m,根据模型的几何计算,最小回波时延为 0.092 1 s,最大回波时延为 0.199 5 s,预留 20% 的时间余量,测量信号时间窗范围为 [0.070 7,0.221 5] s,在此窗内,根据奈奎斯特准则,快时间域采样频域选为 4 倍基带最高频率。图 6-29 为对接收信号进行快时间域一维傅里叶变换后的空间谱分布。图 6-30 为 360°发射单频信号扫描目标区域后点目标在极坐标格式下的空间谱。

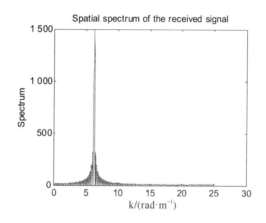

图 6-29 快时间域一维傅里叶变换

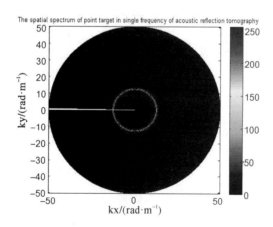

图 6-30 极坐标格式下的点目标空间谱

图 6-31(a)为对波数 $\rho=1.39$ 对应频点进行极坐标-直角坐标映射后的空间谱,为半径为 2ρ 的圆,图 6-31(b)为二维傅里叶变换后的点目标分布函数。图 6-32 为点目标分布函数的 x 维和 y 维剖面图,可见其成像结果幅度较小,分辨率较低。

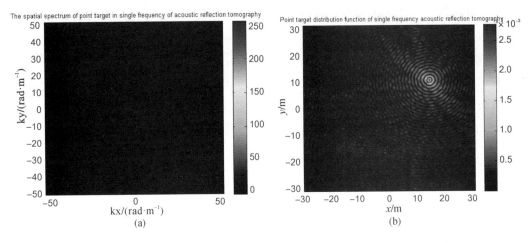

图 6-31 波数 $\rho = 1.39$ 极坐标格式变换后的空间谱(a)和点目标分布函数(b)

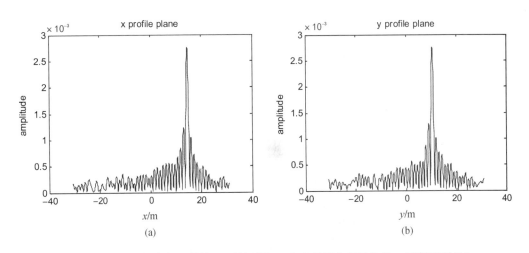

图 6-32 点目标分布函数的 x 面剖面图(a)和点目标分布函数的 y 面剖面图(b)

图 6-33(a)为对波数 $\rho = 6.28$ 对应频点,即发射信号频率进行极坐标-直角坐标映射后的空间谱,同样为一圆。图 6-33(b)为二维傅里叶变换后的点目标分布函数。图 6-34 为点目标分布函数的 x 维和 y 维剖面图,可见其成像结果较图 6-31、图 6-32 幅度较大,分辨率较高。

图 6-35(a)为对波数 $\rho = 11.1$ 对应频点进行极坐标-直角坐标映射后的空间谱,同样为一圆。图 6-35(b)为二维傅里叶变换后的点目标分布函数。图 6-36 为点目标分布函数的 x 维和 y 维剖面图,可见其成像结果较图 6-33、图 6-34 幅度较小,分辨率较高。

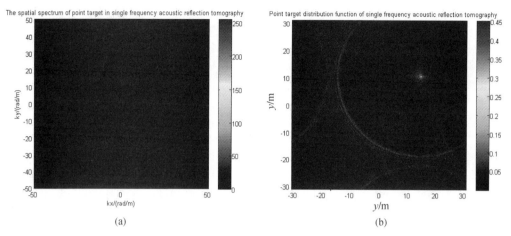

图 6-33 波数 $\rho = 6.28$ 极坐标格式变换后的空间谱(a)和点目标分布函数(b)

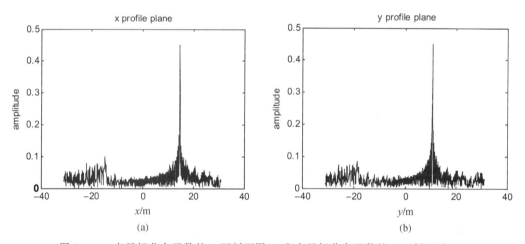

图 6-34 点目标分布函数的 x 面剖面图(a)和点目标分布函数的 y 面剖面图(b)

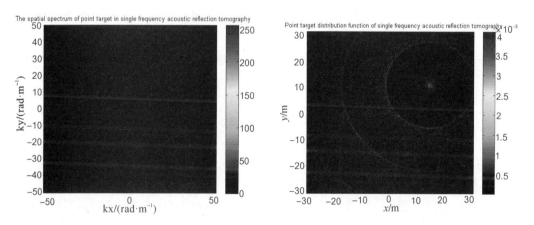

图 6-35 波数 $\rho = 11.1$ 极坐标格式变换后的空间谱(a)和点目标分布函数(b)

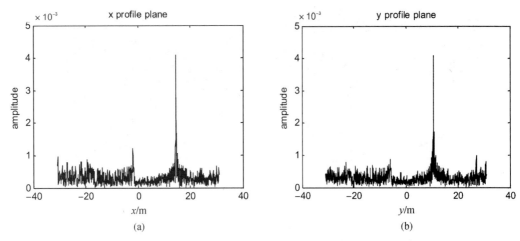

图 6-36 点目标分布函数的 x 面剖面图(a)和点目标分布函数的 y 面剖面图(b)

可见频率越高,分辨率越好,当圆周矢径对应发射信号波数时,成像幅度最大。当发射信号为宽带信号时,加权融合分频带成像结果,可以进一步提高成像精度和幅度。

6.8 本章小结

传统的基于直线运动的聚束合成孔径声呐通过发送一定带宽的信号,将接收的扇形波数域数据进行 stolt 插值和二维逆傅里叶变换,得到目标的空间分布函数,方位向空间分辨率理论上为 $\frac{\lambda}{4}$,只与信号频率有关,与探测距离无关,但是实际中受到发射带宽和平台运动角度的限制,分辨率降低,且成像算法预处理复杂,需要宽带处理,信噪比要求高。而单频探测需要在时域利用匹配思想处理,运算量大。圆迹合成孔径声呐和声反射断层扫描声呐模型都是 360° 接收目标反射回波,空间分辨率仅取决于发射信号频率,成像算法可以使用单频信号探测,也可以用宽带处理,极坐标-直角坐标波数域变换成像的目标分辨率与所用的信号频率有关,频率越高,分辨率越好。对宽带发射信号进行分频带极坐标-直角坐标波数域转换融合,不仅可以克服宽带信号成像时目标分布函数为圆环,成像精度低的问题,还可以避免常规波数域圆环插值带来的估计误差和计算复杂度。

参 考 文 献

[1] SOUMEKH M. Synthetic Aperture Radar Signal Processing [M]. Prentice-Hall, Englewood Cliffs, NJ, 1990.

[2] 张祥坤. 高分辨圆迹合成孔径雷达成像机理及方法研究[D]. 北京:中国科学院空间科学与应用研究中心,2007.

[3] 喻玲娟. 圆迹合成孔径雷达的信号仿真与处理算法研究[D]. 北京:中国科学院电子

研究所,2012.

[4] HAWKINS D W. Synthetic aperture imaing algorithms [D]. Ph.D. disertation, Dept. Electr. Elentron. Eng., Univ. Canterbury, Christchurch, NewZealand, 1996.

[5] JAKOWATZ C V, TOMPSON P A. A new look at spotlight mode synthetic aperture radar as tomography: imaging 3-D targets [J]. IEEE Transactions on Image Processing, 1995, 4(5):699-703.

[6] JAKOWATZ C V, WAHL D E, EICHEL P H, et al. Spotlight-mode synthetic aperture radar: A signal processing approach [M]. Boston: Kluwer Academic Publishers, 1996.

[7] MARSTON TM, KENNEDY J L. Volumetric Acoustic Imaging via Circular Multipass Aperture Synthesis [J]. IEEE Journal of Oceanic Engineering, 2016, 41(4):852-867.

[8] SOUMEKH M. Reconnaissance with slant plane circular SAR imaging [J]. IEEE Transactions on Image Processing, 1996, 5(8), 199-201.

[9] 林赟. 圆迹 SAR 极坐标格式算法研究[J]. 电子与信息学报, 2010, 32(12):2803-2807.

[10] FERGUSON B G, WYBER R J. Application of acoustic reflection tomography to sonar imaing [J]. J.Acoust.Soc.Amer., 2005(117):2915-2928.

[11] FERGUSON B G, WYBER R J. Generalized framework for real aperture, synthetic aperture, and tomography sonar imaing [J]. IEEE Journal of Oceanic Engineering, 2009, 34(3):225-238.

[12] 程广利,徐国军,张明敏. 投影层析成像算法在水下目标成像中的仿真研究[J]. 水声及物理声学, 2007, 26(4):80-83.

[13] PIDSLEY P H, SMITH R A, DAVIES G L. Reconstruction of sonar images using computerized tomography [J]. The GEC Journal of Technology, 1995, 12(3):174-180.

[14] MANI T R, KUMAR R. Application of ocean acoustic tomography in shape reconstruction of underwater objects [C]// International conference on information technology,New York:IEEE, 2014:327-332.

[15] HUANG C, HUANG S, ZHOU H. A Sound-Speed imaging method based on ray tomography[C]// OCEANS,New York:IEEE, 2019.

[16] 孔辉,范威,李颂文. 圆合成孔径声呐时域和波数域成像方法比较[J]. 声学技术, 2017, 36(6): 269-270.